# Sisällys

# Ikuinen kauneus joka olet

## Kokoelma Amman ajattomia viestejä

Koonnut ja kääntänyt englanniksi
Swami Amritaswarupananda Puri

Mata Amritanandamayi Center, San Ramon
Kalifornia, Yhdysvallat

# Ikuinen kauneus joka olet

## Kokoelma Amman ajattomia viestejä

Koonnut ja kääntänyt englanniksi
Swami Amritaswarupananda Puri

*Julkaisija:*
   Mata Amritanandamayi Center
   P.O. Box 613
   San Ramon, CA 94583-0613, Yhdysvallat

————*The Eternal Beauty That We Are - Finnish* ————

*Yhteystiedot Suomessa:*
   www.amma.fi

*Intiassa:*
   www.amritapuri.org
   inform@amritapuri.org

# Sanatana Dharma

## Muodon avulla muodottomaan

Lapset, maailmankaikkeuden luomisen, ylläpitämisen ja tuhoamisen yksinomainen lähde on Jumala. Kaikki, jotka uskovat täällä Jumalaan, ovat asiasta samaa mieltä. Uskovilla on kuitenkin erilaisia mielipiteitä ja epäilyksiä Jumalan todellisesta luonteesta. Mikä on Jumalan todellinen nimi ja muoto? Mitkä ovat hänen ominaisuutensa?

Jumalaa ei voida tosiasiassa käsittää älyllä eikä selvittää pelkästään sanallisesti. Voimme kuitenkin kokea ja oivaltaa Jumalan henkisten harjoitusten kautta. Se kokemus on sanoin kuvaamaton. Kun lapsi satuttaa itsensä, pystyykö hän selittämään: "Minua sattuu näin paljon"? Tai kun hän on onnellinen, voiko hän selittää: "Olen näin onnellinen"?

Aivan kuten vesi voi ilmetä jäänä, nesteenä tai höyrynä, Jumala on sekä määritteellinen että määritteetön. Hän ilmenee dualismina ja monitahoisena maailmankaikkeutena.

Jumalalla ei ole mitään erityistä nimeä tai muotoa. Sen sijaan hän on kuin näyttelijä, joka esittää näyttämöllä erilaisia rooleja. Tällä tavoin Jumala omaksuu seuraajansa toiveiden mukaan erilaisia olemisen tiloja ja muotoja, kuten Siva, Vishnu ja Devi. Kun suklaaveistosta lämmitetään, se sulaa muodottomaksi. Riippumatta siitä, minkä muodon suklaa ottaa, sen todellinen luonne pysyy aina samana.

Jumalan käsitteellistämistä ja palvomista varten on helpointa visualisoida hänet muodon kera. Janoisen täytyy ammentaa vettä joesta käsillään tai astialla. Mangoja voidaan pudottaa puusta pitkällä kepillä tarvitsematta kykyä kiivetä. Samalla tavoin voimme palvoa Jumalaa ja oivaltaa hänet käyttämällä muotoa välineenä.

Kerran lintuäiti meni etsimään ruokaa ja satutti jotenkin toisen siipensä. Hän ei pystynyt lentämään ja tuli kovin surulliseksi, koska ei päässyt pesäänsä, joka oli jäänyt joen toiselle puolelle. Hän alkoi huolestua pienten lintulastensa puolesta toden teolla. Silloin hän näki jääkimpaleen ajelehtivan luokseen. Hän hyppäsi sille ilman suuriakaan vaikeuksia. Sitten suotuisa tuuli puhalsi kimpaleen toiselle rannalle, ja hän pääsi takaisin pesäänsä.

Ne meistä, jotka kamppailevat ahdingossa oppiakseen tuntemaan muotoa vailla olevan Jumalan ilman ainoatakaan määrettä, ovat aivan kuin tämä loukkaantunut lintu, joka yritti päästä kotiin. Voimme oivaltaa Jumalan palvomalla häntä muodon ja muiden piirteiden kautta. Joen vedellä ei ollut muotoa, mutta se muuttui kiinteäksi kimpaleeksi jäätä, jonka avulla avuton lintu pääsi joen yli. Samalla tavoin meidän tulisi palvoa Jumalaa jatkuvasti muodon ja määreiden kautta, jotta voisimme vapautua *samsaran* valtamerestä. Silloin jumalallisen armon suotuisa tuuli johdattaa meidät vapauteen.

## Pelkoon pohjautuvasta antaumuksesta rakkauteen pohjautuvaan antaumukseen

Lapset, jotkut ihmiset kysyvät: "Mikä merkitys *bhaya bhaktilla* (antaumuksella, johon liittyy pelko) on? Eikö se ole epätervettä?"

Ei voida sanoa, että *bhaya bhakti* on epätervettä. Vaikka pelolle ei olekaan sijaa antaumuksen täyteydessä ja täydellisyydessä, tietty määrä pelkoa auttaa varmasti aloittelijaa kasvamaan. Jumala, joka on maailmankaikkeuden yksinomainen suojelija, lahjoittaa kaikille olennoille myös näiden tekojen tulokset. Jumala suojelee kaikkia hyviä ihmisiä ja rankaisee pahoja. Ihminen, joka oivaltaa, että hänen täytyy kärsiä kaikkien pahojen tekojensa seuraukset, tuntee antaumuksensa jonkin verran pelkoa. Kuitenkin tämä pelko tekee hänestä vahvan, koska se herättää hänessä erottelukyvyn. Se auttaa häntä lopettamaan virheiden tekemisen ja etenemään oikealla polulla.

*Bhaya bhakti* ei ole orjan isäntäänsä kohtaan tunteman pelon kaltaista. Se muistuttaa pikemminkin kunnioituksensekaista pelkoa, jota oppilas tuntee opettajaansa kohtaan, tai viatonta rakkautta, jota lapsi osoittaa äidilleen. Tällainen asenne meillä on oltava Jumalaa kohtaan.

Lapsi rakastaa äitiään. Hän uskoo todella, että hänen äitinsä on hänen ainoa suojelijansa. Kuitenkin hän tietää myös, että jos hän tekee virheen, äiti ei epäröi rankaista häntä. Rakkauteen on siis ehdottomasti sekoittunut jonkin verran pelkoa. Tämä pelko säästää hänet monelta onnettomuudelta ja virheeltä. Lapsella on monia epäkypsiä taipumuksia ja heikkouksia. Ne saavat hänet usein tekemään virheitä. Koska hän kuitenkin pelkää, että hänen äitinsä suuttuu ja rankaisee häntä, hän hylkää nuo virheet. Tällä tavoin hänen pelkonsa äitiään kohtaan herättää hänen erottelukykynsä, ja vähitellen hän saa vahvuutta oikealla polulla kulkemiseen. Mutta pelko ei milloinkaan estä häntä kokemasta äitinsä rakkautta. Toisaalta se auttaa häntä kasvamaan.

Pienet lapset opiskelevat tunnollisesti, koska pelkäävät, että muutoin opettaja rankaisee heitä. Pelko auttaa heitä voittamaan laiskuuden ja tekemään lujasti töitä oppimisen ja koulumenestyksen eteen. Korkeammilla luokka-asteilla tämä pelko häviää, mutta siihen mennessä he ovat hankkineet jo riittävästi erottelukykyä, jotta he pystyvät vilpittömästi suorittamaan opintojaan. Silloin pelolle ei ole tarvetta. He vain kunnioittavat ja tottelevat opettajiaan. Useimmilla Jumalan seuraajilla on tällainen asenne Jumalaa kohtaan.

Kun seuraaja tekee matkaa polulla, *bhaya bhakti* muuttuu rakkauden täyttämäksi antaumukseksi. Siinä antaumuksessa ei ole lainkaan pelkoa. Koska hän rakastaa Jumalaa, hän tervehtii jopa Jumalan rangaistusta ilolla ja onnellisuudella. Tämän antaumuksen voimallisuus poistaa kaikki taipumukset virheiden tekemiseen.

Todellinen Jumalan seuraaja on kuin pieni lapsi, joka lepää rakastavan äitinsä sylissä. Hän unohtaa kaiken muun.

# Jumalanpalvelus kuvien välityksellä

Joku kysyi minulta hiljattain: "Eikö meidän tulisi patsaan palvomisen sijaan palvoa kuvanveistäjää, joka patsaan loi?"

Lapset, kun katsomme maamme lippua, siirtyvätkö ajatuksemme räätälin luo, joka lipun ompeli? Eivät. Kukaan ei näytä muistavan häntä. Sen sijaan muistamme kotimaamme. Samalla tavoin, kun näemme jumalan kuvan, ajatustemme ei tulisi rientää kuvanveistäjän luo vaan siihen käsitteeseen ja lainalaisuuteen, jota kuva edustaa: todelliseen Luojaan, joka loi koko tämän maailmankaikkeuden.

Ymmärtääksemme kuvan avulla tapahtuvaa jumalanpalvelusta, meidän on ymmärrettävä periaatteet sen takana. Jumalalla ei todellisuudessa ole mitään erityistä nimeä, muotoa tai asuinpaikkaa. Jumala on ajan ja avaruuden tuolla puolen. Hänen olemuksensa on täydellinen autuus. Hän on totuus ilman muotoa tai mitään muutakaan määrettä. Useimmille ihmisille on kuitenkin mahdotonta palvoa kaikkialla läsnä olevaa Jumalaa ilman konkreettisten symbolien antamaa tukea. Nykyisellään mielemme ovat sidottuja ja kiintyneitä tähän materiaaliseen maailmaan ja sen lukuisiin muotoihin. Patsaan avulla tapahtuva jumalanpalvelus auttaa sellaisia mieliä kääntymään sisäänpäin. Sisäänpäin kääntynyt mieli voi vähitellen alkaa tunnistamaan jumalallisuuden, joka on mielen ydinolemus.

Jos haluamme nähdä kuvajaisemme peilistä selvästi, meidän on ensin pyyhittävä pois kaikki pöly ja lika peilin pinnalta. Samalla tavoin, jotta näkisimme todellisen olemuksemme mielen peilistä, meidän on ensin poistettava kaikki epäpuhtaudet, joita siihen on kerääntynyt. Jumalanpalvelus kuvan välityksellä puhdistaa mieltämme vähitellen ja edistää keskittymisen syventymistä. Sen vuoksi muinaiset Sanatana Dharman tietäjät painottivat temppeleiden ja kuvallisen jumalanpalveluksen merkitystä.

Jotkut sanovat, että kuvien palvominen osoittaa hienostumatonta mieltä. Tämän voidaan sanoa olevan totta vain, jos kuvan palvonta perustuu sellaiselle väärinkäsitykselle, että Jumala asustaa

yhdessä tietyssä paikassa ja yhdessä tietyssä
hahmossa. Jumala on läsnä kaikkialla. Jumala
on kaiken olemassa olevan perimmäinen syy.
Kun suoritamme jumalanpalvelusta kuvien
välityksellä tällä ymmärryksellä, se ei voi miten-
kään olla hienostumatonta; se on toimiva keino
itseoivalluksen saavuttamiseksi. Jos palvomme
patsasta rukouksilla, jotka tähtäävät vain omien
itsekkäiden mielihalujemme täyttämiseen, silloin
sitä voidaan sanoa hienostumattomaksi. Mutta
kaikkein karkein kuvainpalvonnan muoto on
sellainen, jossa alennetaan samalla muita ihmisiä.

Sanonta "palvo ainoastaan Jumalaa, älä
paholaista" tarkoittaa todellisuudessa sitä,
että Jumalan saavuttamisen tulisi olla ainoa
päämäärämme. "Paholainen" tarkoittaa rahan ja
statuksen himoa sekä muita itsekkäitä asenteita,
jotka asettuvat poikkiteloin *dharman*. Sanonta
ei tarkoita jumalanpalveluksen suorittamista eri
hahmojen välityksellä. Aina symboleita ja patsaita
käytettäessä Jumalan muistamiseen on kyseessä
kuvitettu jumalanpalvelus. Tästä näkökulmasta
tarkasteltuna käy selväksi, että monet, jotka
kritisoivat kuvainpalvontaa, harjoittavat sitä itse.

Vaikka Jumala onkin kaikkien nimien ja muotojen tuolla puolen, voimme silti palvoa Jumalaa missä muodossa tahansa. Samassa kodissa isä voi halutessaan palvoa Sivaa, äiti Krishnaa, ja poika Deviä. Tätä tarkoittaa *ishta-daivam*, "suosikkijumaluutemme". Meidän pitäisi ymmärtää periaatteet, joille Jumalan palvominen eri muodoissa pohjautuu. Kaulakoru, nilkkakoru, korvakoru — ne kaikki on tehty kullasta. Niiden ydinolemus on kultaa. Samalla tavoin, olemassaolon ydinolemus on Jumala. Meidän on nähtävä ydinolemus, joka yhdistää tämän näennäisen monimuotoisen maailmamme. Riippumatta siitä, mikä on *ishta-daivamme* — Siva, Vishnu, Muruga — meidän täytyy jossain vaiheessa tunnistaa tämä ykseys. Meidän on ymmärrettävä, että kaikki nämä muodot ovat vain muunnelmia yhdestä. Muinaiset tietäjät ymmärsivät, että eri ihmiset tulivat eri kulttuureista. Siksi he hyväksyivät erilaisten hahmojen hyödyntämisen jumalanpalveluksissa.

Meidän täytyy kuvallisen jumalanpalveluksen kautta saavuttaa tarvittava laajakatseisuus, jotta voimme rakastaa ja kunnioittaa kaikkia elämänmuotoja. Näkemällä kuvassa Jumalan ja rukoilemalla häntä puhdistamme mieltämme ja kohotamme itseämme alueelle, jossa voimme tunnistaa Jumalan kaikessa. Tämä on kuvien välityksellä tapahtuvan jumalanpalveluksen lopullinen päämäärä.

Niin monet suuret sielut ovat saavuttaneet vapautuksen kuvia hyödyntävän jumalanpalveluksen avulla! Esimerkkejä heistä ovat Sri Ramakrishna Deva, Mirabai, Andal ja Kannappa Nayanar. Herätköön myös minun lapseni tälle totuuden tasolle.

## Onko henkisyys pakoa todellisuudesta?

Lapset, ihmiset kysyvät usein, eikö henkisyys ole vain pakoa elämästä. Teidän on ymmärrettävä, että todellinen henkisyys ei voi olla milloinkaan eskapismia (todellisuuspakoista). Pakeneminen on pelkureiden tie. Henkisyys on rohkeiden tie. Henkisyys on tiede, joka opettaa meille, kuinka pysyä vahvana minkä tahansa kriisin edessä, ja kuinka pysyä aina onnellisena ja tyytyväisenä. Henkisyys auttaa meitä ymmärtämään elämää syvemmin ja säilyttämään oikean elämänasenteen.

Henkisyys on todellisen Itsesi havaitsemista. Se on oman olemuksen ja elämän merkityksen etsintää. Sitä kautta voimme ymmärtää maailman ja sen asioiden luonteen.

Tällä hetkellä uskomme, että onnellisuus on materiaalisissa asioissa. Mutta jos niin on, miksi sitten emme ole tyytyväisiä niitä saatuamme? Päin vastoin näemme, kuinka miljonääri omistaa suihkukoneen, huvialuksen ja kartanon, mutta on silti kireä ja surullinen.

Asuipa kerran kylässä kaksi perhettä vierekkäisissä majoissa. Toisen perheen pää säästi rahaa ja rakensi kunnon talon. Hänen naapurinsa alkoi murehtimaan: "Hän omistaa jo talon, ja minä asun yhä tässä majassa." Niinpä hän alkoi ponnistelemaan säästääkseen rahaa. Hän myös lainasi rahaa ja tällä tavoin yritti kovasti rakentaa talon. Samalla hän unelmoi, kuinka hän jonakin päivänä asuisi onnellisena uudessa talossaan.

Kun hänen talonsa lopulta valmistui, hän hyppi riemusta. Hän kutsui sukulaisensa ja ystävänsä juhlaan ja alkoi elää onnellista elämää uudessa talossaan. Mutta muutaman kuukauden kuluttua hän masentui. Joku kysyi häneltä: "Mikä on vialla?"

Hän vastasi: "Naapurimme on asentanut taloonsa ilmastointisysteemin ja marmorilattian. Minun taloni on läävä."

Talo, joka oli täyttänyt hänet aiemmin ilolla, aiheutti nyt surua. Tämä todistaa, että onnellisuus ei sijaitse materiaalisissa kohteissa. Todellisuudessa onnellisuuden kokemus on riippuvainen mielestämme. Kun mieli rauhoittuu, koemme onnea ilman mitään ongelmia.

Kun oivallamme onnellisuuden takana olevan salaisuuden, lakkaamme jahtaamasta sokeasti materiaalisia kohteita. Kun meistä tulee henkisiä, pystymme näkemään kanssakulkijamme omana Itsenämme. Jaamme ylimääräiset rahamme köyhien ja tarvitsevien kanssa. Meistä tulee valmiita rakastamaan ja palvelemaan muita avoimin sydämin. Mielen voima kohdata mitä tahansa ja myötätuntoinen maailman palveleminen ovat todellisia henkisiä saavutuksia.

# Onko maailma illuusio?

M onet kysyvät Ammalta: "Miksi tätä maailmaa kutsutaan *mayaksi* — illuusioksi?"

Lapset, illuusio peittää totuuden ja vie meidät pois totuudesta. Maailmaa kutsutaan illuusioksi, koska se voi peittää totuuden, ikuisen rauhan lähteen. Miten koemme asiat nykyisin? Uskomme, että erilaiset materiaaliset saavutukset, ihmissuhteet ja esineet antavat meille ikuisen rauhan ja onnellisuuden, ja me tavoittelemme niitä innokkaasti. Todellisuudessa tämä tavoittelu vie meidät pois rauhasta. Sellaista on *maya* — illuusio.

Kun näemme unta, unimaailma on meille hyvin todellinen. Mutta herätessämme ymmärrämme, että mikään siitä ei ollut todellista. Samalla tavoin me elämme nyt unenkaltaisessa maailmassa, epäjärjestyksen tilassa, koska henkinen ymmärryksemme on puutteellista. Vasta kun heräämme tästä tietämättömyydestä, oivallamme, mikä totuus todella on.

Hyvin köyhä nuorukainen istui kerran joen laidalla kalastamassa. Hetken päästä hän näki norsun tulevan häntä kohti suuren ihmisjoukon kanssa. Norsu piteli kärsässään kukkakaulanauhaa. Se pysähtyi hänen eteensä ja laittoi kukkanauhan nuorukaisen kaulaan. Väkijoukko osoitti innoissaan suosiota. Ihmiset kertoivat hänelle, että tämä oli uuden kuninkaan valitsemisrituaali. Kenen tahansa kaulaan norsu kukkanauhan laskeekin, hänestä tulee seuraava kuningas. Nuorukainen vihittiin pian kuninkaaksi ja hän meni prinsessan kanssa naimisiin.

Eräänä päivänä prinsessa ja nuorukainen lähtivät ratsastamaan lähellä palatsia olevan vuoren huipulle. Yhtäkkiä nousi kova myrsky. Sekä ratsastajat että hevoset suistuivat alas vuoren rinteeltä. Prinsessa ja hevoset putosivat kuolemaansa, mutta nuorukainen onnistui pudotessaan saamaan kiinni puun oksasta ja pelastautumaan. Alas oli pitkä matka, mutta hänellä ei ollut muuta vaihtoehtoa. Hänen täytyi päästää irti. Hän sulki silmänsä ja pudottautui.

Kun hän avasi silmänsä, hän ei nähnyt vuoria, hevosia tai prinsessaansa. Hän näki pelkän joentörmän ja ongenvapansa. Sitten hän ymmärsi nukahtaneensa ja nähneensä vain unta.

Huolimatta siitä, kuinka todelliselta kaikki vaikutti hänen unessaan, poika ei ollut lainkaan surullinen prinsessansa ja palatsinsa menettämisestä.

Tarinan pojan lailla elämme nykyään unimaailmassa, täysin tietämättöminä todellisuudesta. Useimmat ihmiset tässä unimaailmassa ovat hyvin kiintyneitä menestykseen ja voiton tavoitteluun, ja he pelkäävät epäonnistumista ja menettämistä. Kun asiat eivät suju heille suotuisalla tavalla, heistä tuntuu kuin koko maailma loppuisi! Tuo maailma, jossa menestys tarkoittaa onnellisuutta ja epäonnistuminen surua, on unta, josta meidän on herättävä. Se on mayaa. On vain yksi todellisen onnellisuuden lähde, ja se on atma, todellinen Itsemme. Meidän on herättävä tähän ymmärrykseen. Sen jälkeen pysymme rauhan ja autuuden täyttäminä, tapahtuipa elämässä mitä tahansa.

Jos tämä maailma on mayaa, miten meidän tulisi suhtautua siihen? Tulisiko meidän torjua se? Ei todellakaan. Meidän tarvitsee ainoastaan suhtautua maailmaan ja sen tarjoamiin kokemuksiin vivekalla — erottelukyvyllä. Silloin maailma itse johdattaa meidät totuuteen. Jos pystymme tähän, näemme kaikessa hyvää. Murhaaja käyttää veistä tappamiseen, mutta lääkäri pelastaa sen avulla elämiä. Joten sen sijaan, että torjuisit maailman sanoen "se on vain illuusiota", yritä ymmärtää periaatteet kaikkien elämänkokemustesi taustalla. Anna sen ymmärryksen opastaa sinua.

Ne, jotka ymmärtävät mayan todellisen luonteen, ovat maailman todellisia suojelijoita. He eivät koskaan jää mayan illuusion uhreiksi. Ne, jotka eivät onnistu ymmärtämään maailman luonnetta, eivät ainoastaan tuhoa itseään vaan he tulevat rasitteeksi myös muille. Ne, jotka näkevät hyvyyden kaikessa, johdatetaan hyvyyteen. Sieltä käsin he oivaltavat totuuden.

# Gurun tärkeys

Lapset, jotkut ihmiset kysyvät: "Jos Jumala ja *guru* ovat viime kädessä sisällämme, mihin ulkoista gurua tarvitaan?" On totta, että Jumala ja guru ovat sisällämme, mutta suurin osa meistä ei pysty tuntemaan sisällään Jumalaa tai noudattamaan sisäisen gurun johdatusta. Muutama harva, joka on syntynyt edellisissä elämissä hankittujen henkisten taipumusten kanssa, saattaa pystyä oivaltamaan henkisen totuuden ilman elävän gurun apua, mutta useimmat ihmiset tarvitsevat gurun.

*Satguru* on todellakin Jumala ihmisen muodossa. Guru ohjaa äärimmäisen ystävällisesti ja kärsivällisesti oppilasta, joka on monien heikkouksien ja paheiden kahleissa. Guru antaa tarvittavat ohjeet, opetukset ja selvennykset, joiden avulla voimme omaksua henkiset periaatteet niiden yksinkertaisimmassa ja puhtaimmassa muodossa. Gurun paikka on täten oppilaalle jopa Jumalan yläpuolella.

Henkisyys on materialismin vastakohta. Kun aloitamme henkisen elämän materialistisella maailmankatsomuksella, epäonnistumme. Kestää jonkin aikaa, ennen kuin ymmärrämme. Äärettömässä kärsivällisyydessään guru kuitenkin selittää ja havainnollistaa uudestaan ja uudestaan, kunnes oppilas oppii toimimaan oikein, nyt ja aina. Paras tapa oppia vierasta kieltä on elää ihmisen kanssa, joka puhuu sitä äidinkielenään. Gurun äidinkielenä on henkisyys.

Pyhien kirjoitusten opetukset ovat hyvin hienovaraisia. Ne selittävät todellisen olemuksemme salaisuuden: olemassaolon, johon maailmankaikkeus asettuu. Mielen ja lukemattomien hankittujen taipumusten orjuuttamina meillä ei ole viitekehystä sellaisen totuuden ymmärtämiseen. Kaikki gurun opetukset ovat vastoin sitä, mitä olemme milloinkaan oppineet. Meidät on ehdollistettu ajattelemaan, että onnellisuus tulee objekteista, mutta guru kertoo: "Ei, onnellisuus tulee vain sisältä." Meitä on kehotettu yrittämään toiveidemme täyttämistä; guru sanoo, että on parempi ylittää ne. Meille on kerrottu, että olemme syntyneet ja jonain päivänä kuolemme; guru kertoo, että emme ole milloinkaan syntyneet emmekä koskaan kuole.

Gurun tehtävä on siis muovata meidät kokonaan uudestaan. Gurua voidaan verrata kuvanveistäjään. Kuvanveistäjä näkee kiveen kätketyn veistoksen. Kun hän hakkaa pois tarpeettomia osia kivestä, kaunis piilotettu muoto alkaa tulla vähitellen esiin. Todellinen guru tuo tällä tavoin näkyviin oppilaan ytimessä olevan totuuden. Kun oppilas seuraa gurun opetuksia ja suorittaa henkisiä harjoituksia, hänen tietämättömyytensä väistyy ja totuus ilmentyy.

Kun vuoren huipulla sataa, vesi virtaa alaspäin. Mielemme luonne on samanlainen. Yhtenä hetkenä voimme ajatella, että mielemme on täysin ylevöitynyt ja riemuitsee olemassaolon korkeammilla tasoilla. Muutamassa sekunnissa se kuitenkin vajoaa alas pohjalle. Guru tuntee oppilaan mielen heikkoudet, ja hän osaa auttaa tätä ylittämään ne. Vaikka veden luonne on virrata alaspäin, sama vesi voi muuttua auringonpaisteessa höyryksi ja kohota ylöspäin. Guru tietää, että jos hän herättää oppilaassa tietoisuuden, oppilaan mieli voi nousta korkeammille tasoille. Tämä on gurun tavoite. Hän työskentelee jatkuvasti tämän eteen. Kun oppilaan tietoisuus ja sisäinen guru ovat täysin heränneet, hän ei enää tarvitse ulkoisen gurun apua.

Sellaisen heränneen ihmisen jokainen sana on *satsang*. Hänen jokainen tekonsa on rukous, meditaatio. Hänen jokainen henkäyksensä voi vain hyödyttää maailmaa.

Jotta guru voisi ilmaantua, täytyy yksilössä ensin herätä oppilaan luonteenlaatu. Hänen on oltava valmis koulutettavaksi. Valmius on oleellista minkä hyvänsä tiedon saavuttamiseksi. Mitä satguruun tulee, on olemassa vain yksi asia: kuolematon ykseys. Hän näkee kaiken pohjimmiltaan puhtaana tietoisuutena.

Hänelle ei ole gurua tai oppilasta, äitiä tai lasta — on vain ikuinen ykseys. Meitä hyödyttääkseen guru kuitenkin laskeutuu alas meidän tasollemme. Oppilaan kaipaus hänen todellisen olemuksensa tuntemiseen on olennaisen tärkeä.

# Miten rukoilla

L apset, jumalanpalvelus on paras tapa vakiin-
nuttaa pysyvä tunneside Jumalan kanssa ja
avata sydän Jumalalle. Se on silta, joka yhdistää
yksilöllisen itsen Korkeimpaan Itseen. Pieni lapsi
tulee koulusta, pudottaa kirjoitustaulunsa ja
kynänsä lattialle ja juoksee äitinsä luokse. Hän
kertoo innokkaasti kaikista koulun tapahtumista,
opettajan kertomista kertomuksista, ja linnuista,
jotka hän näki kotimatkalla. Samalla tavoin
rukoilu auttaa meitä kehittämään sydämellisen
yhteyden Jumalaan. Taakkojemme jakaminen
Jumalan kanssa auttaa meitä pääsemään niistä
eroon.

Meillä on oltava asenne, että Jumala on
ainoa lohtumme. Meidän on pidettävä Jumalaa
parhaana ystävänämme — ystävänä, joka
on aina kanssamme, jokaisessa tilanteessa ja
kaikissa vaaroissa. Kun avaamme sydämemme
Jumalalle, meidät kohotetaan tietämättämme
antaumuksellisuuden korkeammille tasoille.

Nykyään monet ihmiset eivät kuitenkaan
ymmärrä rukouksen soveliasta käyttöä. Monet

ajattelevat, että rukous on vain heidän maallisten mielihalujensa täyttämistä varten. Sellaisten ihmisten rakkaus ei suuntaudu Jumalaan vaan materiaalisiin asioihin. Nykymaailmassa ihmiset rukoilevat jopa, että muita kohtaisi onnettomuus.

Jumalan todellisen seuraajan ei tulisi milloinkaan edes ajatella vahingoittavansa toisia. Meidän tulisi rukoilla: "Oi Jumala! Pyydän, että en tekisi virheitä! Anna minulle voimaa antaa anteeksi muiden tekemät virheet! Anna minulle anteeksi virheeni ja siunaa kaikkia koko luomakunnassa!" Kun rukoilemme näin, rauhoitumme. Tällaisen rukouksen värähtelyt puhdistavat ilmapiiriä. Kun ympäristöstä tulee puhdas, se tuottaa suotuisia vaikutuksia myös omaan elämäämme.

Rukoukset maailman puolesta ovat rukouksen korkein muoto. Tarvitaan rukouksia, joissa ei ole lainkaan itsekkäitä mielihaluja. Kun poimimme kukkia jumalanpalvelusta varten, saamme itse nauttia ensin niiden kauneudesta ja tuoksusta, vaikka se ei olekaan tarkoituksemme. Rukoilu maailman puolesta laajentaa sydäntämme paljon. Lisäksi nämä rukoukset auttavat myös maailmaa.

Aivan kuten kynttilä sulaa antaakseen valoa muille, todellinen oppilas haluaa uhrata itsensä auttaakseen muita. Hänen tavoitteenaan on kehittää mieli, joka antaa onnea muille ja unohtaa oman kärsimyksensä. Sellaisten ihmisten ei tarvitse kulkea etsimässä Jumalaa; Jumala tulee etsimään heitä. Jumala on heidän kanssaan palvelijan lailla.

## Jälleensyntyminen

Monet kysyvät, onko jälleensyntyminen totta. Jos tämä elämä on tosi, miksi eivät muutkin elämät voisi olla tosia? On väärin ajatella, että elämää voidaan puntaroida vain järkeilemällä. Elämä on sekoitus järkeä ja mysteeriä.

Meidän tulisi olettaa, että olemme eläneet aikaisemmin ja elämme myöhemminkin, koska elämme nyt. Kaikki maailmankaikkeudessa on syklistä. Näemme tämän säännöllisyyden vuodenaikojen vaihtelussa, maan liikkeessä auringon ympäri, planeettojen kierrossa ja niin edelleen. Siten ei ole väärin otaksua, että myös syntymä ja kuolema ovat syklisiä.

Kaksoset keskustelivat ollessaan kohdussa. Sisko sanoi veljelle: "Uskon, että ulkopuolella on elämää."

Veli ei ollut samaa mieltä. "Ei missään tapauksessa. Ei ole olemassa mitään muuta maailmaa tämän maailman ulkopuolella, jonka nyt näemme ja koemme. Tämä maailmamme on pimeä ja mukava. Saamme kaiken tarvitsemamme tämän nuoran kautta. Meidän ei pitäisi katkaista yhteyttämme siihen. Mitään muuta meidän ei tarvitse tehdä."

Sisko sanoi: "Vakaa uskomukseni on, että tämän pimeän maailman takana on valtava maailma täynnä elämää."

Veli ei lainkaan pystynyt hyväksymään näitä väitteitä.

Sisko sanoi jälleen: "Sanon vielä yhden asian. Ehkäpä sinun on vaikea uskoa sitä, mutta uskon, että meillä on äiti, joka synnyttää meidät."

"Äiti? Mitä typeryyksiä sanotkaan? Kumpikaan meistä ei ole milloinkaan nähnyt tätä 'äitiä'. En voi mitenkään uskoa, että olisi olemassa äiti, jota emme ole milloinkaan tavanneet."

Sisko sanoi: "Joskus hiljaisten hetkien aikana voin kuulla tämän äidin laulavan. Pystyn silloin kokemaan, kuinka äitimme rakkaus ja hellyys ympäröivät ja hoivaavat meitä."

Pyhimykset ja tietäjät, jotka tuntevat totuuden, levittivät ensimmäisinä tiedon jälleensyntymästä maailmaan. Emme koe tässä elämässä kaikkia hyvien ja pahojen tekojemme seurauksia. Koemme ne seuraavissa elämissä. Jälleensyntymän tarkoitus on tekojemme hedelmien kokeminen.

Olemuksessa, joka jättää kehon kuoleman hetkellä, on hyviä ja huonoja taipumuksia. Tämä olento ei pysty toimimaan noiden piilevien taipumustensa mukaisesti ilman karkeaa kehoa. Tämän vuoksi elämä astuu kuoleman jälkeen jälleen uuteen sille sopivaan kehoon.

Jos emme pysty muistamaan laulun sanoja, jotka opimme nuorena, voimmeko sanoa, ettemme koskaan oppineet laulua? Samalla tavoin, jos emme pysty muistamaan jonkin edellisen elämän tapahtumia ja kokemuksia, emme voi sanoa, että mitään edellistä elämää ei ollutkaan. Tavallisten ihmisten ei ehkä ole mahdollista muistaa asioita edellisestä elämästä, mutta kun mieli tulee hienovaraiseksi meditaation avulla, pystymme saamaan tietoomme edelliset elämämme.

# Onko Jumala puolueellinen?

Jotkut Amman lapset kysyvät, onko Jumala pitämättä paheellisista ja pitää vain hyveellisistä. Todellisuudessa Jumala ei ole puolueellinen. Jumala näkee jokaisen tasa-arvoisesti. Aurinko paistaa tasa-arvoisesti jokaiselle olennolle, niin älylliselle kuin ei-älylliselle. Jos joku sanoo: "Jumala ei rakasta minua", on kuin hän sulkisi huoneen ovet ja ikkunat ja valittaisi, että aurinko kieltäytyy antamasta hänelle valoa. Joki antaa yhtäläisesti vettä santelipuulle ja Intian korallipuulle, jotka molemmat kasvavat joen törmällä. Jokea ei voida syyttää siitä, että santelipuu on tuoksuva ja korallipuu piikikäs. Samoin Jumala vuodattaa armonsa kaikkien ylle, mutta pystymme vastaanottamaan armon vain oman mielemme luonteen mukaisesti.

Useimmat ihmiset rukoilevat Jumalaa, koska he haluavat jotakin. Kun arkuntekijä rukoilee: "Oi Jumala! Anna jonkun kuolla tänään, jotta saan ainakin yhden arkun myydyksi", rukoilee vastaavasti sairaan miehen vaimo ja lapset, että aviomies ja isä paranisi pian. Kumpi rukous

Jumalan pitäisi täyttää? Jokainen saa osakseen omien tekojensa hedelmät. Ei ole mitään hyötyä syyttää Jumalaa siitä. Jumala annostelee jokaiselle hänen oman *karmansa* tulokset, mutta hän ei ole milloinkaan puolueellinen.

Hedelmät vastaavat tekoja. Jos teemme hyviä tekoja, nautimme onnellisuudesta. Jos tekomme ovat huonoja, meidän on koettava surua. Tämä sääntö on kaikille sama. Jotkut ihmiset kuitenkin tekevät tekonsa asenteella: "Minä en ole toimija". He luovuttavat kaikki tekonsa Jumalalle ja suorittavat karmansa. Heissä on suhteellisesti vähemmän itsekkyyttä ja egoa. Sellaiset ihmiset pystyvät vastaanottamaan enemmän Jumalan armoa.

Aurinko heijastuu kirkkaasta vedestä hyvin, mutta sammaleisesta vedestä se heijastuu sumeasti. Samalla tavoin julkeuden, itsekkyyden ja muun lian peittämän mielen on vaikea tuntea Jumalan armoa. Sen tuntemista varten sydämen on oltava puhdas ja kärsiviä kohtaan on oltava myötätuntoinen. Sellaisten ihmisten ei tarvitse tehdä mitään saadakseen Jumalan armon virtaamaan luokseen.

Amma muistaa erään tapauksen. Erääseen ashramiin saapui paljon ihmisiä tapaamaan mahatmaa, joka asui siellä, ja saamaan hänen siunauksensa. Eräänä päivänä, kun mahatma tapasi vierailijoita, pieni lapsi oksensi yhtäkkiä lattialle. Haju oli sietämätön ja jotkut peittivät nenänsä, kun taas toiset kiersivät sotkun kaukaa. Jotkut kommentoivat, kuinka epähygieeninen ashram oli, ja lähtivät pois. Jotkut puolestaan valittivat: "Guru, lapsi on oksentanut tuonne. Siellä haisee todella pahalle. Sinun pitäisi käskeä jotakuta siivoamaan lattia." Kuultuaan tämän kaiken mahatma nousi ylös siivotakseen lattian itse. Mutta kun hän saapui paikalle, hän näki, että nuori poika pyyhki pois oksennusta ja pesi lattiaa saippualla ja vedellä. Vaikka paikka oli täynnä ihmisiä, ainoastaan tälle nuorelle pojalle oli juolahtanut mieleen siivo. Kaikki muut olivat vain valittaneet. Pojan epäitsekäs asenne tehdä jotakin toisten hyväksi iloisella mielellä viehätti mahatmaa. Mahatman sydän suli. Hän tunsi spontaanisti myötätuntoa ja rakkautta poikaa kohtaan. Hän ajatteli: "Jos maailmassa olisi enemmän ihmisiä, jotka asennoituvat niin kuin tämä poika, tästä maailmasta tulisi taivas."

Mahatman silmissä jokainen oli samanarvoinen. Hän tunsi kuitenkin erityistä myötätuntoa tätä poikaa kohtaan. Pojan asenne puhdistaa lattia yhtä ripeästi kuin oma kehonsa teki hänestä soveltuvan astian gurun armon vastaanottamiseksi. Myös Jumalan armo on tällaista. Jumala vuodattaa armoaan jokaiselle jatkuvasti. Jos kaivamme joen penkalle kuopan, vesi virtaa siihen. Samoin Jumalan armo virtaa epäitsekkääseen, myötätuntoiseen ja hyveelliseen sydämeen.

Jumala on puolueeton. Hän on kaikkien eroavaisuuksien tuolla puolen. Hän näkee kaiken tasa-arvoisesti ja on kiinnittymätön. Meidän pitäisi siistiä tekomme ja asenteemme, ja luottaa lujasti Jumalan tahtoon. Tällöin saamme varmasti Jumalan armon osaksemme. Pystymme silloin pysyttelemään rauhallisina ja tyytyväisinä niin surussa kuin onnessa; niin saavutuksissa kuin menetyksissä; niin onnistumisissa kuin epäonnistumisissakin.

# Henkisyyden ydin

## Kuolema ei ole loppu

Lapset, halu pysyä elossa ja kuoleman pelko ovat luonnollisia asioita. Ihmiset pelkäävät kuolemaa, koska kuollessamme menetämme kaiken, mitä olemme keränneet ja jonka eteen olemme niin kovasti raataneet. Voimme ylittää tämän pelon, mutta sitä varten meidän on opittava kohtaamaan kuolema jo eläessämme.

Kaksi potilasta makasi kuolinvuoteellaan sairaalassa. Toinen heistä oli maailmankuulu mieskirjailija. Toinen oli 12-vuotias tyttö. Lääkärit yrittivät kovasti pelastaa kirjailijan hengen, mutta yksikään toimenpide ei tuottanut tulosta. Koettelemusten aiheuttama fyysinen ja mentaalinen väsymys heijastui hänen kasvoiltaan. Hän alkoi itkeä: "Mitä minulle tapahtuu? Näen vain pimeyttä!" Pelko ja yksinäisyys nieli hänet hänen viimeisinä hetkinään.

Pienen tytön tila oli erilainen. Myös hän tiesi, että kuolema tulee. Siitä huolimatta hän oli hyvin iloinen. Hänen pienet hymyilevät kasvonsa säteilivät. Lääkärit ja sairaanhoitajat olivat yllättyneitä. He ajattelivat kirjailijan piinaa ja kysyivät tytöltä: "Lapsi, hymyilet niin kuin et tietäisi lainkaan olevasi kuolemassa. Etkö pelkää kuolemaa?" Hän vastasi viattomasti: "Miksi minun pitäisi pelätä kuolemaa, kun rakas Jumalani on vierelläni koko ajan? Voin kuulla hänen kutsuvan: 'Lapseni, tule luokseni!'" Kun hän kuoli pois muutaman päivän päästä, hymy oli hänen pienoisilla huulillaan.

Kirjailija oli saattanut niittää mainetta ja kuuluisuutta, mutta kun kuolema tuli hänen kohdalleen, hän oli täysin musertunut. Pieni tyttö toisaalta oli muodostanut rakastavan suhteen Jumalan kanssa. Hän uskoi vakaasti, että hän oli täysin turvassa Jumalan käsissä. Siksi hän ei pelännyt kuolemaa lainkaan. Jos tahdomme kohdata kuoleman pelottomasti hymyillen, meillä täytyy olla tuon pienen tytön luottamus tai meidän on ajateltava: "En ole keho, olen Itse. Itse ei milloinkaan kuole."

Tässä on tarina Upanishadeista. Uddalaka oli suuri tietäjä. Hänellä oli poika nimeltä

Svetaketu. Svetaketu palasi kotiin 24 vuoden ikäisenä opiskeltuaan monta vuotta gurunsa erakkomajalla. Hän ajatteli, että oli oppinut kaiken auringon alla. Uddalaka vaistosi heti poikansa väärän ylpeyden ja halusi oikaista häntä. Eräänä päivänä hän kutsui Svetaketua ja sanoi: "Poikani, luulen, että sinusta tuntuu kuin taitaisit kaikki tiedon lajit maan päällä. Mutta oletko oppinut tiedon, jonka avulla kuullaan ennen kuulematon; ymmärretään ennen ymmärtämätön; ja tunnetaan ennen tuntematon?"

"Mikä on se tieto, isä?" kysyi Svetaketu.

Hänen isänsä vastasi: "Lapseni, tuntemalla vain yhden möykyn savea tunnetaan kaikki, mikä on tehty savesta. Samoin on myös tämän tiedon laita, jonka tuntemalla tunnetaan kaikki."

"Saattaa olla, että kunnioitetut opettajani eivät tunteneet tuota tietoa. Muutoin he olisivat kertoneet sen minulle. Isä, voitko valistaa minua?"

"Olkoon niin," sanoi Uddalaka. "Tuo minulle hedelmä tuosta banianviikunapuusta."

"Tässä, isä."

"Leikkaa se auki."

"Tehty."

"Mitä näet?"

"Joitakin siemeniä, isä, tavattoman pieniä."

"Leikkaa yksi niistä."

"Leikattu on, isä."

"Mitä näet siellä?"

"En yhtään mitään."

Uddalaka sanoi: "Poikani, tuosta hieno-varaisesta olemuksesta, jota et voi havaita, on noussut tämä valtava banianviikunapuu. Se on kaiken olemassaolon peruskallio. Poikakulta, tuo kaikkein hienovaraisin olemus on koko maailmankaikkeuden sielu. Sinä olet se, oi Svetaketu."

Kaikki kumpuaa tästä niin kutsutusta "tyhjyydestä". Elämän mysteeri on todellakin tämä. Eräänä päivänä, kun tuo banianviikunapuu tai mikä tahansa katoaa, et tiedä, mihin se on mennyt. Näin on kaikkien elävien olentojen kanssa. Ilmestymme tyhjyyden äärettömyydestä. Jopa silloin, kun elämme tässä maailmassa, emme todellisuudessa ole mitään. Lopuksi katoamme takaisin tyhjyyden mereen. Tuo tyhjyys ei kuitenkaan ole tyhjiö, vaan puhdas jakamaton tietoisuus, jota kirjoituksissa kutsutaan *sat-cit-anandaksi* — puhtaaksi olemassaoloksi, puhtaaksi tietoisuudeksi, puhtaaksi autuudeksi.

Todellisuudessa me tulemme tuosta tietoisuuden kokonaisuudesta, ja palaamme siihen jälleen. Siksi suuret tietäjät sanovat, että kuolema voi olla muuntava ja kaunis kokemus, jos suhtaudumme siihen positiivisesti. Kun katsomme kuolemaa pienestä rajoitteiden maailmastamme käsin, kuolema herättää meissä suurta pelkoa. Kun sitä vastoin katsomme sitä kokonaisuuden näkökulmasta, se vapauttaa meidät kaikesta pelosta, hädästä ja ahdistuksesta. Se vie meidät kaikkien rajoitteiden tuolle puolen.

Kuolema ei tosiasiassa ole elämän loppu. Me päätämme jokaisen virkkeen pisteeseen. Merkitsemme pisteen, jotta voimme kirjoittaa seuraavan lauseen. Kuolema on kuin virkkeen loppumerkki. Syntyville on säädetty kuolema ja kuoleville syntymä. Kuolema on yksinkertaisesti elämän jatkumoa. Jos asetamme luottamuksemme Jumalaan ja olemme tietoisia totuudesta, voimme aivan varmasti voittaa kuoleman ja kuolemanpelon.

45

## Korkein autuus tässä ja nyt

Lapset, kirjoitusten mukaan elämän lopullinen päämäärä on vapautuminen. Se ei ole taivaallisten mukavuuksien ja ilon kokeminen tai suosikkijumalasi kotipaikkaan saapuminen kuoleman jälkeen. Vapautuminen on korkeinta autuutta tässä ja nyt. Se on vapautta kaikenlaisista äly- ja tunnesidoksista — tila, jossa kaikki suru katoaa ja tunnet olevasi rauhassa olosuhteista riippumatta.

On väärin ajatella, että vapautuminen on jotakin, joka saavutetaan kuoleman jälkeen. Se on koettava tässä maailmassa elettäessä. Täällä sitä tarvitaan eniten. Meillä tulisi olla tämä mitä kaunein täydellisen riippumattomuuden kokemus ollessamme täällä, tässä maailmassa, tässä fyysisten, tunteellisten ja älyllisten tilanteiden vaihtelevassa kaaoksessa ja sekamelskassa. Se kokemus ei ole elämän pakenemista ja karkuun juoksemista. Päinvastoin, se on täyden elämän elämistä, kaiken sen hyväksymistä, mitä elämä lähettää tiellesi. Sateenkaari täyttää meidät kauneudella ja ilolla vasta silloin, kun hyväksymme kaikki

sen värit yhtäläisesti. Samalla tavoin, elämän
innostus ja kauneus piilee siinä, että elämän
ykseys nähdään kaikissa ristiriidoissa ja niiden
lävitse. Näe tämä ykseys kaikkialla ja toimi sitten
maailmassa. Tällä lailla henkisyys ei ole elämää
kieltävää, vaan elämää vahvistavaa.

Elämä on täynnä vastakohtia. Emme pysty
kuvittelemaan maailmaa ilman myötä- ja
vastoinkäymisiä, elämää ja kuolemaa, valoa ja
pimeyttä. Suru syntyy, kun hyväksymme vain
yhden puolen elämästä ja torjumme toisen.
Haluamme aina olla terveitä, emme milloinkaan
sairaita. Hyväksymme elämän, mutta kiellämme
kuoleman. Arvostamme menestystä ja toivotamme
sen tervetulleeksi, mutta torjumme epäonnistu-
misen. Elämän hyväksyminen kokonaisuudessaan
ja kaikkien kaksinaisuuksien näkeminen saman
elämänilmiön eri kasvoina on henkisen oivalluksen
huippukohta. Vain silloin vapaudumme kaikesta
surusta ja koemme katkeamatonta onnellisuutta
kaikissa tilanteissa. Jos oivallamme, että myötä- ja
vastoinkäymiset ovat elämän luonne, voimme
hyväksyä ne tyynesti.

Eräs Sanjaasi-munkki asusteli majassaan eräässä kylässä. Ihmiset kunnioittivat häntä hänen puhtaan ja yksinkertaisen elämäntapansa vuoksi. Kylässä asui myös liikemies, jonka naimaton tytär tuli raskaaksi. Ensin tytär ei suostunut kertomaan, kuka lapsen isä oli. Hänen sukulaisensa kuitenkin painostivat häntä, ja lopulta hän sanoi, että sanjaasi on lapsen isä. Liikemies moitti sanjaasia ja sanoi: "Koska olet turmellut tyttäreni maineen, sinun tulee kasvattaa lapsi." Ilman pienintäkään vihaa hämmennystä sanjaasi sanoi: "Olkoon niin."

Heti kun tytär oli synnyttänyt, isä vei lapsen sanjaasin huomaan. Kyläläiset vihasivat nyt munkkia ja alkoivat tavan takaa loukata häntä, mutta sanjaasi ei ottanut loukkauksia vakavasti. Hän vain kasvatti lasta rakastavasti. Kun vuosi oli kulunut, tytär alkoi tulla katumapäälle. Hän meni isänsä luokse ja kertoi, että lapsen isä ei tosiasiassa ollut sanjaasi vaan eräs naapuruston nuorukainen. Liikemies pyysi sanjaasilta heti anteeksi. "Anteeksi, että epäilin ja loukkasin sinua. Viemme lapsen takaisin."

"Olkoon niin", sanoi sanjaasi.

Todellinen luontomme on ainoa rauhan lähde, jota mikään tämän maailman ongelma ei voi häiritä. Ne, jotka ovat oivaltaneet tämän totuuden, tietävät, että mikään ei ole heistä erillistä. Nähden perimmäisen tietoisuuden kaikessa elävässä ja elottomassa he rakastavat sekä palvelevat yhtä ja kaikkea. He hyväksyvät kaikki tilanteet tyynesti.

Elämä ja rakkaus eivät ole kaksi; ne ovat yksi. Ilman rakkautta ei ole elämää ja päinvastoin. Kun tämä perustavanlaatuinen periaate on muutettu toiminnaksi, se on henkisyyttä. Se on todellakin itseoivallus, tai vapautus. Ihmiset kaikkialla maailmassa sanovat: "Minä rakastan sinua." "Rakkaus" näyttää juuttuneen "sinän" ja "minän" tunteiden väliin. Henkiset harjoitukset auttavat meitä oivaltamaan lopullisen totuuden: "Minä olen rakkaus".

Päästäksemme tähän tilaan meidän täytyy ymmärtää henkisyyttä ja yrittää tietoisesti. Henkisyys on mielen luonteen ymmärtämistä. Se on tiedettä, joka opettaa meille, kuinka kokea iloa ja tyytyväisyyttä ilman levottomuutta ja juuttumista elämän ylä- ja alamäkiin. Tämä on ensiarvoisen tärkeää elämässä.

## Uskonto ja henkisyys

Jokaisessa uskossa on kaksi puolta: uskonnollinen ja henkinen. Uskonto on ulkokuori, henkisyys on sisäinen ydin. Henkisyys tarkoittaa omaan todelliseen olemukseen heräämistä. Ne, jotka ponnistelevat tunteakseen todellisen itsensä, ovat todellisia oppilaita. Se, joka ymmärtää henkisyyden ydinperiaatteet ja toteuttaa niitä käytännössä, voi uskosta riippumatta saavuttaa lopullisen päämäärän ja yhdistyä Jumalaan. Jos emme kuitenkaan pysty omaksumaan henkisiä periaatteita, uskonnosta tulee sokeaa uskoa, joka sitoo meitä.

Sydänten yhteydestä seuraa uskonnollinen yhteys. Jos tuota yhteyttä ei ole, ihmiskunnan on mahdotonta yhdistyä ja toimia joukkueena yhteisen hyvän puolesta. Ajaudumme vain erillemme; yrityksemme ovat hajanaisia ja niiden tulokset epätäydellisiä.

Uskonto on osoitin, kuin tienviitta. Määränpäänä on henkinen kokemus. Kuvitellaan esimerkiksi, että joku osoittaa puuhun ja sanoo: "Katso tuota puuta. Näetkö hedelmän, joka roikkuu sen oksasta? Jos syöt sen, sinusta tulee kuolematon!" Silloin meidän pitäisi kiivetä puuhun, poimia hedelmä ja syödä se. Jos sen sijaan jäämme pitämään kiinni henkilön sormesta, emme milloinkaan pääse nauttimaan hedelmästä. Samoin käy silloin, kun ihmiset jäävät kiinni kirjoitusten säkeisiin sen sijaan, että käsittäisivät, omaksuisivat ja toteuttaisivat käytännössä periaatteita, joihin ne osoittavat.

Pelkkä uskonnollisten tekstien lukeminen yrittämättä omaksua niiden sisältämiä periaatteita on samanlaista toimintaa kuin veneessä istuminen soutamatta sillä milloinkaan vastakkaiselle rannalle. Veneen tavoin uskonnolliset tekstit ovat väline, eivät päämäärä itsessään.

Tietämättömyydestämme ja rajallisesta ymmärryksestämme johtuen suljemme mahatmat uskontojen pieniin häkkeihin. Rishien ja mahatmojen sanat ovat avaimia, joilla Itsemme aarre avataan. Väärinymmärryksestä johtuen käytämme kuitenkin noita sanoja pelkästään toistemme kanssa väittelemiseen. Tällä tavoin me vain paisutamme egoamme ja kahlitsemme itsemme. Jos näin jatkuu, yhteisymmärrys ja uskontojen välinen yhteistyö pysyy ikuisesti vain kaukaisena unelmana.

Kuuluisa taiteilija maalasi kuvan lumoavasta nuoresta naisesta. Jokainen, joka näki maalauksen, rakastui häneen. Jotkut kysyivät maalarilta, oliko nainen hänen rakastettunsa. Kun maalari vastasi kieltävästi, jokainen vaati härkäpäisesti päästä naisen kanssa naimisiin eikä olisi suonut sitä kenellekään muulle. He vaativat saada tietää, mistä tämän kauniin naisen voi löytää.

Maalari kertoi heille: "Olen pahoillani, mutta tosiasiassa en ole milloinkaan nähnyt häntä. Hänellä ei ole kansallisuutta, uskontoa tai äidinkieltä. Se, mitä näette hänessä, ei ole myöskään kenenkään yksilön kauneutta. Annoin vain silmät, nenän ja hahmon sille kauneudelle, jota katselin sisälläni."

Mutta kukaan ei uskonut maalaria. He syyttivät häntä vihaisesti valehtelusta. "Tahdot vain tehdä hänet omaksesi!"

Maalari vastasi heille tyynesti: "Ei, pyydän, ettette suhtaudu tähän maalaukseen pinnallisesti. Vaikka etsisitte kaikkialta maailmasta, ette löydä häntä, ja silti hän on kaiken kauneuden perikuva."

Maalarin sanoista huolimatta ihmiset kuitenkin hullaantuivat maalista ja maalauksesta. He halusivat kiihkeästi saada tuon kauniin naisen omakseen, ja he riitelivät ja taistelivat keskenään, kunnes lopulta saivat surmansa.

Myös me olemme tällaisia. Etsimme nykyisellämme Jumalaa, joka esiintyy vain kuvissa ja kirjoituksissa. Etsiessämme sitä olemme eksyneet tieltä.

Mahatmat painottavat henkisiä arvoja, mutta heidän seuraajansa painottavat enemmän instituutioita. Sen seurauksena uskonnoista, joiden tarkoituksena on levittää rauhaa ja rauhallisuutta maailmaan solmimalla ihmiset yhteen rakkauden nauhalla, on tullut sotien ja selkkausten syitä. Mahatmat ovat henkisyyden ruumiillistumia. Heidän epäitsekkäät elämänsä ovat todellisen uskonnon asuinsija. Sen vuoksi mahatmojen tarkkailu on oikotie henkisyyden ymmärtämiseen ja siihen, kuinka sitä harjoitetaan.

Kaikkien uskomustapojen voima piilee henkisyydessä. Henkisyys on sementtiä, joka vahvistaa yhteiskunnan rakennusta. Niin kutsutun "uskonnollisen elämän" eläminen ilman henkisyyttä on kuin tornin rakentamista vain tiiliä päällekkäin kasaamalla ilman sementtiä. Sellainen rakennelma romahtaa helposti. Uskonto ilman henkisyyttä on kuollutta. Se on kuin sisäelin, joka on irrotettu verenkierrosta.

## Luoja ja luomakunta

Lapset, *Sanatana Dharman* mukaan Luoja ja luomakunta eivät ole kaksi, vaan yksi. Millä perusteella? Luoja ja luomakunta ovat sama, koska mikään ei ole erillistä Luojasta.

Pyhissä kirjoituksissa on monia esimerkkejä, jotka näyttävät Luojan ja luomakunnan keskinäisen suhteen. Vaikka kultakoruja on eri muotoisia ja kokoisia, ne ovat kaikki todella vain kultaa. Riippumatta siitä, kuinka paljon valtameressä on aaltoja, yksikään niistä ei ole valtamerestä erillinen. Samoin Jumala ja maailmankaikkeus eivät ole erillisiä, vaan yksi.

Tanssi syntyy tanssijasta. Ennen tanssia, tanssin aikana ja tanssin jälkeen on vain tanssija. Samoin ennen luomakuntaa, luomakunnan aikana ja luomakunnan jälkeen on vain Jumala. Kaikki on Jumalaa. On vain Jumala. Sanatana Dharma opettaa meille, ettei ole mitään muuta kuin Jumala.

Kuningas pyysi kaikkia taiteilijoita valtakunnassaan maalaamaan teoksia, jotka kuvaisivat Himalajan vuoriston todellista kauneutta. Moni taiteilija osallistui kilpaan. Jokainen maalasi huikaisevan kauniita kuvia. Kuningas ministereineen ryhtyi valitsemaan parasta maalausta. Näytti siltä, että jokainen maalaus oli edellistä parempi. Lopulta tuli viimeisen maalauksen vuoro. Taiteilija levitti kankaansa, jossa oli Himalajan kaunein vuori. Paikalla olijoista tuntui siltä, että he olisivat seisseet todellisen vuoren vierellä. Sitten kaikkien hämmästykseksi taiteilija alkoi kiivetä pitkin vuoren rinnettä taulussaan. Taiteilija nousi kaikkein korkeimmalle huipulle kuninkaan seurueineen katsellessa. Sitten maalari katosi maalaukseen.

Jumala on kuin tämän tarinan taiteilija. Jumala on läsnä joka kohdassa maailmankaikkeuden luomustaan. Samaan aikaan hän näyttää olevan näkymätön. Koska emme voi havaita Jumalaa viidellä aistillamme tai mielellämme, hän pysyy meiltä piilossa. Silti voimme kokea Jumalan, koska Jumala on oma todellinen itsemme. Täten, kun oivallamme Jumalan sisällämme, voimme kokea totuuden, että Jumala ja maailmankaikkeus ovat yksi.

Jumala ei ole yksilö, joka istuu valtaistuimella taivaiden takana. Jumala on kaikkiallinen, kaikissa asioissa läsnä oleva jumaluus. Jos sormemme osuu vahingossa silmäämme, annamme sormelle anteeksi ja hoidamme silmää. Teemme niin, koska sormi ja silmä eivät ole meistä erillisiä. Samalla tavoin, dharmamme on rakastaa ja palvella pienintäkin elämänmuotoa tiedostaen, että Jumala asustaa kaikessa. Tämä on suurinta jumalanpalvelusta.

## Kaikkien uskontojen ydin

L apset, Jumala elää sydämessämme. Jumalan todellinen olemus ja ihmisen todellinen olemus ovat yksi ja sama. Uskonnot opettavat, että Jumala loi ihmisen omaksi kuvakseen. Moni meistä voi tämän kuullessaan ihmetellä, miksi emme sitten tunne Jumalan läsnäoloa ja koe todellista onnea. On totta, että Jumalan olemus on yhtä ja samaa oman olemuksemme kanssa. Tietämättömyydestämme ja egostamme johtuen Jumala on kuitenkin meiltä piilossa; emme pysty kokemaan tätä todellista olemustamme. Sen sijaan koemme surua ja levotonta mieltä.

Tosiasiassa kaikki uskonnot näyttävät meille tien todelliseen autuuteen. Useimmat meistä eivät kuitenkaan pysty ymmärtämään uskonnon todellisia opetuksia. Olemme juuttuneet ainoastaan mahtaileviin rituaaleihin ja tapoihin. Kuvitelkaa kymmeniä ruukkuja, jotka on täytetty hunajalla. Jos emme pysty näkemään ruukkujen eri värien ja muotojen taakse, miten voimme milloinkaan maistaa hunajan makeutta? Tämä on nykytilamme. Sen sijaan, että ymmärtäisimme uskontomme

Ikuinen kauneus joka olet

opetusten ytimen, olemme yksinkertaisesti pökerryksissä sen pinnallisten aspektien edessä. Mies päätti kerran juhlistaa 50-vuotissyntymäpäiväänsä suureellisella tavalla. Hän painatti kutsukortit hienolle, kalliille paperille. Koko talo maalattiin ja koristeltiin. Hän osti myös kauniin kynttelikön ja ripusti sen juhlaillallishuoneensa keskelle. Hän koristeli talon ja ympäristön. Hän hankki kalliit asusteet, timanttisormuksen ja kultaketjun, ja palkkasi kuuluisan kokin valmistamaan pramean juhla-aterian.

Lopulta suuri päivä saapui. Kun vieraiden saapumisaika lähestyi, hän puki ylleen uudet vaatteensa, koristautui sormuksellaan ja ketjullaan, ja odotti salissa. Ateria oli valmistettu ja tarjoilijat olivat valmiina univormuissaan. Mutta ketään ei tullut. Mies tuli illan mittaan yhä levottomammaksi. "Missä kaikki ovat?" Silloin hän huomasi pöydällään kutsukorttien pinon. Hän oli yksinkertaisesti unohtanut postittaa ne koristellessaan taloa ja ympäristöä.

Me olemme paljolti tämän miehen kaltaisia. Kun pidämme huolta kiireisestä elämästämme, unohdamme elämän tärkeimmän päämäärän.

Sen vuoksi emme pysty kokemaan todellista rauhaa ja tyytyväisyyttä.

Heiltä, jotka ovat uppoutuneet uskonnon pinnallisiin puoliin, jää usein ymmärtämättä oman uskontonsa ydin. Heiltä jää kokematta Jumalan sisäinen läsnäolo. Puutarhuri, joka leikkaa nurmikkoa, näkee kaiken edessään vain "nurmena", mutta ayurvedinen yrttiparantaja näkee nurmen seassa lääketieteellisesti arvokkaita kasveja. Meidän on tultava yrttiparantajan kaltaiseksi, oivallettava ja sisäistettävä uskontomme sydämessä olevat todelliset arvot, sen perustavanlaatuiset periaatteet.

Lapset, koettakaa ymmärtää uskontonne sisäinen ydin ja oppia todelliset periaatteet sen rituaalien ja juhlien takana. Vain sitä kautta voitte kokea Jumalan läsnäolon sisällänne.

## Itsensä rakastaminen

L apset, elämme aikaa, jolloin ihmiset eivät vihaa ainoastaan muita ihmisiä vaan myös itseään. Siksi näemme itsemurhien ja mielelle tuhoisien tapojen lisääntyvän. Kaikki uskonnot, henkiset johtajat ja psykiatrit painottavat itsemme rakastamista muiden rakastamisen lisäksi.

Ihmiset uskovat yleisesti, että "itsensä rakastaminen" tarkoittaa fyysisen kehon rakastamista. Moni meistä käyttää paljon aikaa ja rahaa säilyttääkseen fyysisen kauneutensa ja terveytensä. Monet menevät heti herättyään peilin eteen ja viettävät siinä tuntikausia. He käyvät kauneushoitoloissa ja kuntosaleilla. He käyttävät sellaisiin asioihin paljon aikaa ja rahaa. Jotkut yrittävät valkaista tummaa ihoaan, toiset ruskettaa valkoista ihoaan. Jotkut värjäävät harmaat hiuksensa mustiksi. Jotkut värjäävät mustat hiuksensa punaisiksi tai jopa vihreiksi. Vaikka onkin tärkeää huolehtia perusasioista oman kehon ja terveyden suhteen, monet noista asioista ovat liiallisia. Mutta tuleeko kukaan ajatelleeksi, millä lailla he tuhlaavat kallisarvoista aikaa? On traagista, että kukaan ei näytä kiinnittävän lainkaan huomiota sydämensä ja mielensä parantamiseen.

Monikerroksisessa tavaratalossa ei ollut riittävästi hissejä. Asiakkaat joutuivat sen vuoksi odottamaan hissejä pitkään. Odottamiseen kyllästyneenä jotkut heistä alkoivat valittamaan ja hälisemään. Johtaja ymmärsi, että ongelma täytyy ratkaista pian tai se voi vaikuttaa liiketoimintaan. Hän alkoi miettiä kuumeisesti ratkaisua. Lopulta hän sai idean. Hän sijoitti peilejä alueelle, jossa ihmisten täytyi odottaa hissejä. Hän asensi peilejä myös hissien seinille. Kaikki valitukset loppuivat heti. Kukaan ei enää tuntenut ajan kulumista odotellessaan hissiä. Kaikki olivat nyt täysin uppoutuneita katselemaan peilikuvaansa, harjaamaan hiuksiaan ja meikkaamaan. He jatkoivat sitä jopa hisseissä.

Aivan kuten puhdistamme ja kaunistamme kehoamme, meidän tulisi puhdistaa myös mieltämme. Miten se tehdään? Poistamalla nopeasti jokainen saapuva negatiivinen ja haitallinen ajatus. Meidän on myös harjoitettava älymme tarkkanäköisyyttä. Siksi meidän on hankittava henkistä tietoa kuuntelemalla satsangeja ja viettämällä aikaa mahatmojen ja muiden henkisesti suuntautuneiden ihmisten kanssa. "Itsensä rakastamisen" todellinen merkitys on antaa sisällämme olevan jumalallisuuden loistaa ulospäin.

# Perhe-elämä

## Älä sulje rakkauttasi sisääsi

Lapset, monet naiset kertovat minulle: "Kun kerron miehelleni kivuliaista tunteista sydämessäni, hän ei milloinkaan lohduta minua. Hän ei osoita minulle hiukkaakaan rakkautta." Jos tämä saatetaan aviomiesten tietoon, he sanovat: "Ei se noin ole. Rakastan häntä hyvin paljon, mutta hän ei tee mitään muuta kuin valittaa." Joten, vaikka molemmat rakastavat toisiaan, kumpikaan ei hyödy rakkaudesta. Heistä tulee kuin kaksi joen rannalla asuvaa ihmistä, jotka kuolevat janoon.

Tosiasiassa jokaisessa on rakkautta, mutta ilmaisematon rakkaus on kuin hunajaa, joka on suljettu kiven sisään. Emme pysty maistamaan sen makeutta.

Älä sulje rakkautta sydämeesi. Meidän on ilmaistava rakkautemme ulkoisesti sanoin ja teoin. Meidän on rakastettava toisiamme avoimin sydämin. Meidän on opittava antamaan rakkauttamme.

Munkki vieraili kerran vankilassa. Hän teki siellä tuttavuutta vankien kanssa, joiden joukossa oli eräs nuorukainen. Munkki pani kätensä nuorukaisen olkapäälle ja silitti rakastavasti hänen selkäänsä. Hän kysyi: "Poikani, miksi päädyit tänne?"

Poika sanoi kyynelten valuessa pitkin hänen kasvojaan: "Jos vain joku olisi lapsuudessani laittanut rakkaudellisesti kätensä olkapäälleni ja puhunut minulle ystävällisesti, en olisi milloinkaan joutunut tähän vankilaan."

On tavattoman tärkeää antaa lapsille rakkautta, etenkin varhaisina vuosina. Meidän on harjoitettava heidät jo lapsuudessa vastaanottamaan ja antamaan toinen toisilleen rakkautta.

Rakkautta ei tulisi kätkeä sydämeen. Rakkaus on tarkoitettu jaettavaksi sanoin, katsein ja teoin. Rakkaus on ainoa rikkaus, jonka antaminen tekee onnellisemmaksi kuin saaminen. Se on rikkaus, joka meillä on mutta jota emme näe.

Herättäkäämme siis tuo sisällämme oleva rakkaus. Ilmaiskaamme sitä maailmalle kaikissa

teoissamme, sanoissamme ja eleissämme. Älkäämme
rajoittako rakkautta uskonnon, uskomusten tai
kastien kehikkojen sisäpuolelle. Antakaamme
sen virrata vapaasti kaikkialle. Antakaamme
sydäntemme syleillä toinen toistaan. Herättäköön
sydämemme toinen toisensa; jakakoon sydämemme
toinen toisilleen sisällämme olevaa autuaallista
rakkautta. Syleilköön rakkaus kaikkia olentoja;
virratkoon rakkaus. Silloin elämästämme tulee
siunattua ja jumalallista.

## Kulttuuri koulutuksessa

Lapset, entisinä aikoina tietoisuutta henkisistä periaatteista pidettiin maassamme elämän tärkeimpänä asiana. Nykyään kuitenkin tieto materiaalisista asioista syrjäyttää henkisen tiedon tärkeyden. Ei ole mitään järkeä yrittää kääntää kelloa takaisinpäin. Sellaiset ponnistelut päättyvät vain pettymykseen. Nyt on tärkeää oppia jatkamaan eteenpäin niin, ettemme anna hyvän kulttuurimme jäänteiden tuhoutua.

Kauan sitten lapset lähetettiin kouluun vasta viiden vuoden ikäisinä. Nykyään lapset ilmoitetaan lastentarhaan, kun he ovat vain kahden ja puolen vuoden ikäisiä. Meidän on osoitettava lapsille pelkkää rakkautta siihen saakka, kun he täyttävät viisi vuotta. Meidän ei pitäisi rajoittaa heidän vapauttaan millään tavoin. Heidän on saatava leikkiä niin kuin haluavat. Meidän tarvitsee kiinnittää huomiota ainoastaan heidän turvallisuuteensa — suojella heitä tulelta tai lampiin uppoamisilta. Meidän on osoitettava vain rakkautta riippumatta siitä, kuinka ilkikurisiksi he ryhtyvät. Silloinkin, kun huomautamme heille heidän vääristä teoistaan, meidän on tehtävä se tavattoman rakastavasti. Aivan niin kuin he elivät äitinsä kohdun suojassa yhdeksän kuukautta elämästään, heidän on elettävä toisen kohdun suojassa viisi vuotta syntymänsä jälkeen — rakkauden kohdun. Mutta tilanne ei ole nykyään tällainen.

Asetamme koulutuksen nimissä lastemme harteille raskaita taakkoja — paljon raskaampia, kuin he voivat kantaa. Olemme sulkeneet lapsemme luokkahuoneisiin niin kuin linnut häkkeihinsä iässä, jolloin heidän tulisi leikkiä ystäviensä kanssa. Lisäksi vanhemmat stressaantuvat, jos lapset eivät sijoitu kärkeen heti lastentarhan alkuvaiheissa. Silloin he asettavat entistäkin enemmän vaateita lapsilleen.

Lapset elävät täydellisen viattomuuden maailmassa. He kasvavat kertoen tarinoita kukille ja perhosille. Miten ihmeellistä onkaan katsella heidän maailmaansa! Heidän luontonsa on olla onnellinen ja levittää onnea muille. Mutta sen sijaan, että vanhemmat omaksuisivat lastensa viattomuuden, he raahaavat nämä omaan maailmaansa — kilpailun ja turhautumisen maailmaan.

Kerran kaksi lasta vierekkäisistä taloista oli leikkimässä. Toisen lapsen kädelle sattui pieni haaveri. Kun pojan äiti näki tämän, hän läksytti toisen lapsen äitiä. Kun heidän kiistansa karkasi käsistä, sekä aviomiehet että naapurit alkoivat ottaa kantaa. Tilanne yltyi. Kaiken tämän keskellä joku alkoi etsimään lapsia. Kun lapset löytyivät, he leikkivät iloisesti yhdessä ja olivat unohtaneet koko tappelunsa.

Vanhemmat näinä aikoina eivät käytä aikaa selostaakseen elämän päämäärää lapsilleen. He eivät auta lapsia oppimaan elämäntyyliä, joka johtaa nämä siihen päämäärään. Kukaan ei näytä käyttävän aikaa lapsen synnynnäisten kiinnostuksen kohteiden selvittämiseen. Lapsia ei rohkaista kasvattamaan pileviä kykyjään. Terve kilpailu koulussa voi auttaa lasta edistymään opinnoissaan ja saavuttamaan potentiaalinsa, mutta kilpailun määrä, jota näemme nykyään, johtaa vain stressiin. Jos lapset eivät onnistu saamaan kokeissa tuloksia, joita heiltä odotetaan,

he lannistuvat mentaalisesti ja kohtaavat petty-
myksiä koko loppuelämänsä.

Lapset, meidän täytyy ajatella sitä, mikä on
koulutuksen merkitys. On totta, että nykyaikainen
koulutus mahdollistaa tutkinnon ja hyväpalkkaisen
työpaikan saamisen, mutta antaako se meille
pysyvän mielenrauhan? Jos emme halua istuttaa
kulttuurisia arvoja nykyaikaisen koulutuksen
ohessa, kasvatamme Ravanoita, emme Ramoja.
Kulttuuristen arvojen tiedostaminen on rauhan
ja onnellisuuden perusta elämässämme. Voimme
löytää todellisen kulttuurin ja korkeimman
viisauden ainoastaan henkisyyden kautta.

## Lasten kasvatus
## nykymaailmassa

Lapset, tänä aikakautena poliittinen korruptio,
arvojen rappioituminen ja naisten hyväk-
sikäyttö lisääntyvät. Mikä tämän aiheuttaa?
Maailmasta, jossa elämme, on tullut kuin
tavaratalo; kaikkea mahdollista on saatavilla
kelle tahansa ja jokaiselle. Tällöin on niin
paljon asioita, jotka houkuttelevat mieltämme
niin monien eri reittien välityksellä: internetin,
matkapuhelinten, ja niin edelleen. Pysyäksemme
tasapainossa näinä moderneina aikoina, meidän
on rakennettava vahva perusta, joka pohjautuu
dharmalle ja arvoille. Mielen kouluttaminen
tällä tavoin on aloitettava lapsuudessa.

Lasten kasvattaminen ei tarkoita vain nuhte-
lemista ja rankaisemista. Meidän on johdettava
lastemme mielet hyvyyteen. Meidän on näytettävä
heille oikea tie, ja kun he tekevät jotain hyvää,
meidän on rohkaistava heitä jatkamaan. Meidän
ei pitäisi rasittaa heitä liikaa opinnoilla. He
tarvitsevat riittävän vapauden, jotta he voivat

kehittää mielikuvitustaan ja riippumatonta
ajatteluaan, ja tutkia tunteitaan. Meidän olisi
samalla näytettävä, mikä on oikeaa ja mikä
väärää; mikä on dharmaa ja mikä adharmaa.
Asioita, joita ei voida opettaa moittimalla ja
neuvomalla, voidaan opettaa rohkaisemalla ja
älykkään käytöksen kautta.

Eräällä pojalla oli tapana heittää paljon
ruokaa roskiin. Hänen isänsä yritti hyvin
rakastavasti saada hänet ymmärtämään, että se
on väärin. Hän jopa läksytti poikaa tiukasti,
mutta mikään ei auttanut. Lopulta hän päätti
näyttää pojalle videon. Videon alussa kaksi
tyttöä söi ravintolassa kanaa. He kertoivat
syödessään vitsejä ja nauroivat. Kun he olivat
kylläisiä, he kaatoivat puoliksi syödyt ateriansa
roska-astiaan. Videon seuraavassa kohtauksessa
näytettiin nuorta miestä, joka kävi läpi jätteitä.
Kun hän näki tyttöjen pois heittämät kaksi isoa
kananpalaa, hän ilahtui ja laittoi ne pieneen
muovipussiin. Tällä tavoin hän täytti vähitellen
muovipussinsa ruoalla, jonka ravintolassa syöneet
ihmiset olivat heittäneet pois. Tämän jälkeen
video seurasi miestä kylään, jossa hän jakoi

kaiken keräämänsä ruoan kylän lapsille. Lasten
kasvot loistivat onnesta. Ruoka loppui kuitenkin
pian ja lapsilla oli vielä nälkä, joten he alkoivat
nuolla muovipussien sisäpuolta. Miehen poika,
joka katsoi videota, alkoi itkeä. Hän sanoi: "Isä,
en enää milloinkaan heitä ruokaa pois."

Itsekurin arvon istuttaminen lapsiin on tärkeää.
Märkään sementtiin on helppo piirtää, mutta
kun sementti kuivuu, se käy mahdottomaksi.
Nuoret mielet ovat kuin märkää sementtiä. Sen
vuoksi vanhempien on vuodatettava lapsilleen
rakkautta ja hellyyttä. Heidän on istutettava lastensa
mieleen arvoja ja hyvää sivistystä. Vanhempien
on oltava lapsilleen esikuvia. Jos toimimme näin,
lapsemme tulevat tietoisiksi dharmasta ja hyvät
tavat kehittyvät heissä luonnollisesti. He pystyvät
ylittämään minkä tahansa viettelyksen, jonka
elämä voi tuoda heidän tielleen. He pystyvät
selviämään. Elämämme päämääränä ei tulisi
olla vain rahan ansaitseminen ja mukavuuksien
hankkiminen. Meidän on vaalittava lapsissamme
tietoisuutta siitä, että elämässä on korkeampia
päämääriä. Jos kykenemme tähän, yhteiskunta

kohoaa vähitellen ja kaikilla aloilla tapahtuu edistystä.

## Harmoniset ihmissuhteet

Lapset, näemme nykyään monia avioliittoja, joissa ei ole todellista rakkautta. Sellaiset avioliitot ovat täynnä ristiriitoja ja erimielisyyksiä. Syynä tähän on perustavanlaatuinen ymmärryksen puute aviopuolisoiden välillä. Useimmissa tapauksissa puolisot eivät edes yritä ymmärtää toisiaan. Jotta todellinen suhde voisi kehittyä, tarvitaan välttämättä ymmärrystä ihmisen – miehen ja naisen – luonteesta. Miehen pitäisi tietää, mitä nainen todella on, ja toisin päin. Valitettavasti sellaista ymmärrystä ei nykyään ole; he elävät kahdessa eristetyssä maailmassa. Heistä tulee kuin kaksi erillistä saarta, joiden välillä ei ole mitään yhteyttä, ei edes lauttalinjaa.

Miehet ovat enimmäkseen älyllisiä, kun taas naiset ovat yleensä enemmän tunteellisia. He asustavat kahdessa eri keskuksessa, kahdella leikkaamattomalla suoralla. Mitään todellista kohtaamista ei tapahdu. Miten heidän välillään silloin voisi olla lainkaan rakkautta? Jos yksi sanoo "kyllä", toinen sanoo luultavasti "ei". Heidän kuullaan vain harvoin sanovan yksissä

tuumin "kyllä" tai "ei". Heidän tulisi ymmärtää
ja hyväksyä erilaiset luonteensa. Sekä aviomiehen
että vaimon tulisi tietoisesti yrittää tavoittaa
toistensa tunteita ja sydäntä, ja sen ymmärryksen
pohjalta yrittää selvittää ongelmiaan. Heidän ei
pitäisi yrittää hallita toinen toistaan. Heidän ei
pitäisi sanoa toisilleen: "Minä sanon 'kyllä', ja
siksi sinunkin pitää sanoa 'kyllä'."

Sellaisesta asenteesta tulisi luopua kokonaan,
koska se johtaa vain suuttumukseen, jopa vihaan.
Rakkaus sellaisissa suhteissa pysyy hyvin pin-
nallisena. Jos näiden kahden keskuksen — älyn
ja tunteiden — välisen kuilun ylitse voidaan
rakentaa silta, rakkauden suloinen musiikki
alkaa virrata niissä. Tämä yhdistävä tekijä on
henkisyys. Tarkastelemalla esivanhempiamme
näemme, että heidän avioliittonsa olivat yleisesti
ottaen rakkaudellisempia kuin nykyiset. Heidän
elämässään oli paljon enemmän rakkautta ja
harmoniaa, koska heillä oli parempi ymmärrys
henkisistä periaatteista ja niiden merkityksestä
jokapäiväiselle elämälle.

Lapset, opetelkaa kunnioittamaan toistenne
tunteita. Opetelkaa kuuntelemaan toistenne

ongelmia rakkaudella ja huolenpidolla. Kun kuuntelette kumppanianne, hänen tulisi tuntea, että olette aidosti kiinnostunut ja haluaisitte vilpittömästi auttaa. Kumppaninne tulisi tuntea välittämisenne ja huolenpitonne, kunnioituksenne ja arvostuksenne. On tarpeellista ymmärtää toista avoimesti, ilman varauksia. Siltikin väistämättä syntyy ristiriitoja. Jälkikäteen pitäisi pystyä sanomaan: "Olen pahoillani, anna minulle anteeksi. En tarkoittanut sitä." Tai voit sanoa: "Rakastan sinua, ja välitän sinusta syvästi — älä milloinkaan ajattele mitenkään muuten. Olen pahoillani, minun ei olisi pitänyt sanoa sitä, mitä sanoin. Menetin suutuksissani malttini ja arvostelukykyni." Sellaiset rauhoittavat sanat auttavat parantamaan loukattuja tunteita. Ne edistävät myös syvää rakkauden tunnetta välillänne jopa isonkin riidan jälkeen.

# Luottamus on vahvojen ihmissuhteiden perusta

Lapset, ihmissuhteidemme perustana on oltava keskinäinen luottamus. Suhde aviomiehen ja vaimon välillä, kahden ystävän välillä ja liikekumppaneiden välillä on kestävä vain, jos niissä vallitsee keskinäinen luottamus. Tosiasiassa tietoisuus omista heikkouksistamme saa meidät epäilemään ja löytämään vikaa toisista. Tämä johtaa siihen, että emme pysty nauttimaan heidän rakkaudestaan. Lopulta menetämme myös onnellisuutemme ja mielenrauhamme.

Kun kaksi ihmistä alkaa elää yhdessä, on vain luonnollista, että ristiriitoja ilmenee. Näemme sitä kaikissa ihmissuhteissa. On inhimillistä syyttää toista ihmistä kaikista ongelmistamme. Yleensä kieltäydymme ottamasta mitään vastuuta itse. Sellainen asenne on epäterve, etenkin henkiselle etsijälle. Jo tällainen ajatus itsessään on egoistinen: "Minä en ole egoistinen ihminen, joten se ei ole minun vikani."

Ego on hyvin herkkä. Kaikkein eniten se inhoaa kritiikkiä. Lisäksi, kun egomme käy hallitsemattomaksi, se lisää taakkaamme tuottamalla vainoharhaa ja pelkoa. Tämä tuhoaa mielenrauhamme ja kykymme järkevään ajatteluun.

Kaksi lasta oli leikkimässä. Pojalla oli hieman taskurahaa ja tytöllä vähän karamelleja. Poika sanoi: "Annan sinulle rahaa, jos annat minulle karamelleja." Tyttö suostui. Saatuaan suklaata poika piti itsellään kaikkein arvokkaimmat kolikot ja antoi vähemmän arvokkaat kolikot tytölle. Tyttö ei ymmärtänyt, mitä tapahtui. Hän asettui makuulle, ja nukkui rauhallisesti. Poika ajatteli edelleen: "Olen varma, että hänellä oli joitakin todella kalliita karamelleja, jotka hän piti itsellään. Hän antoi minulle luultavasti kaikkein halvimmat karkit samalla tavoin kuin itsekin laitoin arvokkaimmat kolikot sivuun." Hän ei pystynyt nukkumaan kaikkien näiden epäilystensä kanssa.

Jotkut miehet kertovat Ammalle: "Luulen, että vaimollani on suhde." Jotkut naiset kertovat Ammalle: "Seuraan vierestä, kun mieheni puhuu puhelimessa jonkun kanssa todella pehmeällä äänellä. En pysty nukkumaan yöllä ollenkaan."

Kaksi ihmistä menee naimisiin kaivaten rakkautta, rauhaa ja onnellisuutta, mutta epäluuloisista luonteistaan johtuen heidän elämästään tulee helvettiä, ilman minkäänlaista rauhaa. Niin pitkään kuin hirviö nimeltä "epäilys" täyttää mielemme, ei mikään määrä neuvoja tai ohjeita voi auttaa. Niin monet perheet tuhoutuvat tällä tavoin.

Vaikka ihmiset lausuvat kauniita sanoja ja puhuvat kukkaiskieltä rakkaudestaan toista osapuolta kohtaan, jossain syvällä sisimmissään useimmat heistä uskovat, että rakkaudessa on todella kyse ottamisesta. Todellisuudessa rakkaudessa on kyse antamisesta. Vain antamalla rakkautta voimme kasvaa ja auttaa muita kasvamaan. Jos tämä antava asenne puuttuu, niin silloin tämä niin kutsuttu "rakkaus" aiheuttaa vain kärsimystä sekä rakastajalle että rakastetulle. Meidän ei pitäisi ajatella: "Onko hän hyvä ystävä minulle?" Sen sijaan meidän tulisi ajatella: "Olenko minä hyvä ystävä muille?"

Ensinnäkin meidän on oltava halukkaita rakastamaan ja luottamaan puolisoomme. Jos haluamme olla rakastavia ja luottavaisia, 95 prosenttia siitä palaa meille takaisin. Epäilys luo epäilystä ja luottamus luo luottamusta. Ennen kuin etsimme vikoja kumppanistamme, meidän on katsottava sisäämme. Jos meissä on vikoja, meidän on korjattava ne.

Suhteessa auttaa usein se, että puhuu toiselle avoimesti sen sijaan, että tarrautuisi epäilyihin. Älä epäröi etsiä apua tarvittaessa ystäviltä ja jopa ammattilaisilta. Kärsivällisyys toista kohtaan, läheisyys ja toisen tukena ja turvana oleminen tekee suhteesta vahvan. Ennen kaikkea, ymmärrä henkiset totuudet ja opi löytämään onnellisuus sisältäsi. Jos pystymme siihen, nautimme onnellisuudesta myös ihmissuhteissa.

# Uskonnolliset juhlat ja tekstit

## Antaumus Ramayanassa

Lapset, tuhansien vuosien jälkeenkin Ramayanalla on hyvin erityinen paikka ihmisten sydämissä. Mistä se johtuu? Siitä, että sen sivut sisältävät antaumuksen ytimen. Ramayanan antaumus pehmentää ja puhdistaa sydäntämme. Vaikka karvaskurkun ydinolemus on kitkerä, siitä tulee makeaa, kun liotamme sitä jonkin aikaa sokeriliemessä. Samalla tavoin, kun sidomme mielemme Jumalaan ja antaudumme, kaikki mielemme epäpuhtaudet poistetaan ja mielestämme tulee puhdas.

Näemme Ramayanassa erilaisia antaumuksen muotoja ja ilmaisuja. Bharatan antaumus on erilaista kuin Lakshmanan. Sitan antaumus on erilaista kuin Sabarin. Eräs osa antaumusta on kaivata aina rakastetun läheisyyttä ja jatkuvaa seuraa. Tämä puoli antaumuksesta ilmenee

Lakshmanassa. Lakshmana on aina palvelemassa Ramaa. Tänäänkin hänet muistetaan henkilönä, joka luopui alituiseen ruoasta ja unesta palvellakseen herraansa. Mutta Bharatan antaumus ei ollut lainkaan samanlaista. Hänen antaumuksensa oli tyyneyden ja lempeyden täyttämää. Kun Rama oli poissa, Bharata hallitsi maata nähden itsensä Raman palvelijana ja palvoen sillä tavoin Ramaa.

Jos Jumala muistetaan jatkuvasti ja antaudutaan Jumalalle täydellisesti, tulee kaikista teoista jumalanpalvelusta. Toisaalta ilman tätä asennetta jopa kuuluisissa temppeleissä tehdyt pujat ja homat ovat jumalanpalveluksen sijasta pelkkiä "tehtäviä".

Antaumuksen voimallisuus lisääntyy, kun rakastettumme on poissa. Tämän näemme sekä Sitasta että Vrindavanin gopeista. Kun Rama oli Sitan lähellä, Sita halusi itselleen kultaisen peuran. Hänestä tuli toiveensa orja. Kuitenkin sen jälkeen, kun Ravana oli kaapannut Sitan, Sitan sydän kaipasi jatkuvasti Ramaa. Kaikki Sitan maalliset mielihalut paloivat pois tuossa voimallisessa Raman kaipauksen surussa. Hänen sydämensä puhdistui jälleen, ja hän pystyi sulautumaan Jumalaan.

Hanumanin antaumus on yhdistelmä sellaisia ominaisuuksia kuin erottelukyky, innostuneisuus, keskittyminen ja voimakas usko. Hanuman, joka oli aiemmin Sugrivan palvelija, omistautui täysin Ramalle nähtyään hänet. Jos Hanumanin sidos Sugrivaan oli luonteeltaan maallinen, hänen siteensä Raman kanssa oli *paramatman* ja *jivatman* — korkeimman sielun ja yksilön sielun — välinen side. Hanuman näyttää myös, kuinka Jumala voidaan muistaa jatkuvasti toistamalla Jumalan nimeä.

Saavuttaaksemme antaumuksen meidän ei tarvitse olla syntyisin ylhäisestä säädystä tai olla erityisen oppineita. Tarvitaan vain puhdas sydän. Näemme tämän Sabarissa. Sabari uskoi täysin guruaan, joka sanoi, että jonakin päivänä Rama vierailisi hänen luonaan. Hän siivosi ashraminsa joka päivä odottaen Raman saapumista, ja keräsi materiaalit Raman palvomisseremoniaa varten. Hän valmisti Ramalle istumapaikan. Päivät, kuukaudet ja vuodet kuluivat tällä tavoin. Pitkä odotus ei ollut turha. Eräänä päivänä Rama saapui hänen majaansa ja Sabari vastaanotti hänet rakastavalla vieraanvaraisuudellaan. Sabarin tarina todistaa, että Jumala asettuu niiden sydämiin, jotka odottavat häntä.

Antaumuksen ei tulisi olla pelkästään tunteellista. Puhtaasti tunteeseen pohjautuva antaumus sisältää voimaa, mutta se on ohimenevää. Sen vuoksi tietoon perustuva antaumus on välttämätöntä. Antaumuksen tarkoituksena ei pitäisi olla maallisten mielihalujemme täyttäminen. Kun antaumuksen siemenet versovat, ne pitäisi poimia ja istuttaa tiedon pelloille. Kun ne tuottavat hyvää hedelmää, päämäärä on saavutettu.

Rama pystyi herättämään antaumuksen ilmaisuja veljissä, ystävissä, alamaisissa — jopa linnuissa ja muissa eläimissä. Palvomme tietämättämme suuruutta kaikkialla, missä sitä on, koska meidän jokaisen sydämessä piilee antaumuksen siemen. Meidän tulisi hoivata sitä ajatuksin, sanoin ja teoin. Meidän tulee kasvaa antaumuksessa, kunnes näemme Jumalan täyttävän koko maailmankaikkeuden. Ramayana

on polku, joka vie meidät tähän korkeimpaan
tilaan.

## Omaksukaa uskonnollisten juhlien ydin

Lapset, uskonnolliset juhlat eivät ole kerran vuodessa juhlittavaksi tarkoitettuja perinteitä. Meidän on omaksuttava näistä juhlista niiden ydinsanomat ja sulautettava ne elämäämme. Antaumuksen ja henkisen tietoisuuden kasvattaminen samalla, kun kuljemme eteenpäin tässä materiaalisessa maailmassa, on keskeinen periaate melkein kaikkien juhlien takana. Samanlainen periaate on myös tarve antaa anteeksi ja unohtaa väärät teot, joita muut ovat sinulle tehneet. Tämä auttaa luomaan kaikkialle vapauden, ystävällisyyden ja yhteyden ilmapiiriä. Se mahdollistaa sydämemme avaamisen ja muiden auttamisen. Sellaiset eroavaisuudet kuin korkea-arvoinen ja alempiarvoinen, työnantaja ja työntekijä, mestari ja palvelija, kaikkoavat taka-alalle.

Intian perinteisiin on aina kuulunut yhdistää elämä, tavat, taide ja tieto Jumalan palvontaan. Kaikki mehiläiset seuraavat kuningatarta, joka on otettu kiinni. Samalla tavoin kaikki suotuisuus tulee polullemme, jos etsimme turvaa Jumalasta. Yleensä asetumme Jumalan varaan materiaalisten hyötyjen tähden, mutta jos pystymme elämään niin, että näemme Jumalan olevan kaikkialla ja kaiken olevan Jumalan tahtoa, kukoistamme paitsi materiaalisesti myös henkisesti. Elämässämme vallitsee silloin tyytyväisyys ja rauha. Sarjalla nollia ei ole mitään arvoa, mutta jos niiden eteen laitetaan numero 1, niiden arvosta tulee yhtäkkiä valtaisa. Samalla tavoin yksi totuus, joka antaa arvon kaikelle, on Jumala - maailman näkeminen Jumalana.

Monet juhlat ilmaisevat inhimillistä toivetta nykyistä paremmasta tulevaisuudesta. Ihmiskunta etsii nykyään vain ulkoista muutosta, mutta mikään muutos ulkoisessa maailmassa ei voi olla pysyvä. Lisäksi ulkoiset muutokset johtavat useammin suruun kuin onneen. Sen vuoksi meidän pitäisi yrittää muuttaa myös sisäistä tilannettamme, kun yritämme muuttaa ulkoista tilannetta. Se ei ole niin vaikeaa. Todellisuudessa omat tekomme ja asenteemme tekevät tästä maailmasta kauniin tai ruman.

Jumala meni eräänä päivänä käymään helvetissä. Kaikki helvetin asukkaat alkoivat valittaa Jumalalle: "Jumala, olet hyvin puolueellinen. Meidän on täytynyt elää aikakausia tässä likaisessa, haisevassa helvetissä. Samalla taivaan asukkaat ovat eläneet koko ajan paratiisissa. Onko tämä reilua? Eikö meidän pitäisi vaihtaa paikkoja ainakin joksikin aikaa?"

Jumala myöntyi heidän rukoukseensa. Taivaan asukkaat alkoivat elää helvetissä, ja helvetin asukkaat alkoivat elää taivaassa. Kului viisi tai kuusi kuukautta. Eräänä päivänä Jumala vieraili jälleen helvetissä. Hän näki jotakin uskomatonta. Puita ja kukkia oli kaikkialla. Tiet ja teiden vierustat olivat puhtaat. Ihmiset lauloivat Jumalan ylistystä. He tanssivat. Kaikkialla näkyi vain iloa.

Myöhemmin Jumala meni käymään entisessä taivaassa. Se oli tuskallinen näky. Niityt olivat nyt karuja, kasvit olivat kuihtuneet. Missään ei näkynyt ainoatakaan kukkaa. Kadut olivat täynnä roskia, virtsalammikoita ja ihmisen ulostetta. Ihmiset käyttivät törkyistä kieltä ja joutuivat

90

alati tappeluihin. Lyhyesti sanottuna, entisestä taivaasta oli tullut helvetti.

Lapset, tällaista elämä todella on. Me itse luomme taivaan ja helvetin.

Meidän pitäisi oppia hyväksymään ilo ja suru tyynesti. Meidän pitäisi yrittää kehittää itsessämme tietynasteista kiinnittymättömyyttä. Meidän ei tulisi romahtaa vaikeuksien edessä eikä tanssia egoistisesti ilosta menestyksen aikoina. Ilman tarrautumattomuuden asennetta meistä tulee pian lopun uupuneita. Jotkut ihmiset vaipuvat niin syvään masennukseen, että tekevät jopa itsemurhan. Elämä menettää loistonsa, kun painotamme liikaa materiaalista menestystä. Jos keskitymme enemmän Jumalan muistamiseen ja henkiseen kehitykseen, elämän pienillä ylä- ja alamäillä ei ole niin paljoa merkitystä. Lisäksi todellinen ikuinen autuus alkaa vähitellen kasvaa sydämessämme.

Kun vietämme juhlaa, meidän tulisi keskittyä enemmän sen sisäisten periaatteiden omaksumiseen kuin ulkoiseen juhlintaan. Meidän tulisi omaksua ja sulauttaa nämä periaatteet elämäämme. Auttakoon armo lapsiani tämän aikaansaamiseksi.

# Navaratrin tulisi opettaa meille nöyryyttä

Lapset, *Vijayadasami* on pyhä päivä, jolloin nuorimman sukupolvemme jäsenet ohjataan kirjoittamaan ensimmäiset tiedon kirjaimet kädestä pitäen. Navaratrin yhdeksänä päivänä suoritetaan myös *Shaktin* — jumalallisen feminiinisen energian — palvontaa, ja Vijayadasami on tuon palvonnan täyttyminen. Sinä päivänä lapset astuvat tiedon maailmaan kirjoittamalla *"Hari-Sri"* tiedon jumalatar Sarasvatin siunauksella. Lapsi pystyy vastaanottamaan tiedon, koska hän luovuttaa etusormensa gurun käden huomaan. Etusormi, joka osoittaa toisten vikoja ja virheitä, on egon symboli. Uskomalla etusormensa gurulle lapsi luovuttaa symbolisesti egonsa.

Hänestä, joka on saavuttanut todellisen tiedon, tulee luonnostaan nöyrä. Hän näkee hyvän jokaisessa. Hän hyväksyy kunnioittaen ja arvostaen jokaisen. Vain ego on oma luomuksemme, kaikki muu on Jumalan luomaa. Tämä ego meidän täytyy luovuttaa Jumalalle.

Vijayadasamina sekä koulutetut että koulut-
tamattomat lähtevät uudelle tiedon taipaleelle
kirjoittamalla Hari-Sri samalla tavoin. Tieto saa
täyttymyksensä, kun henkilö myöntää tähän
mennessä saavuttamansa tiedon rajallisuuden
ja asennoituu nöyrästi: "Minulla on niin paljon
tiedettävää ja opittavaa." Silloin hän tavoittelee
innolla uutta tietoa. Vijayadasami muistuttaa
meitä siitä, että elämässämme meidän tulisi
aina pitää yllä nöyryyttä, innostuneisuutta ja
antautumisen asennetta.

Durgashtamina kirjat, soittimet ja työvälineet
otetaan talteen palvontaa varten, ja ne saadaan
takaisin Vijayadasamina. Tämä symbolisoi
elämämme antamista Jumalalle ja sen saamista
takaisin Jumalan siunauksena. Vijayadasami on
elämän uuden alun symboli, elämän, jossa on
tehty uusi päätös muistaa Jumala.

Aina kun olemme voitokkaita, sanomme:
"Minä tein sen!" Mutta kun kohdallemme osuu
epäonnistuminen, sanomme, että Jumala rankaisee
meitä. Näin ei pitäisi olla. Meidän pitäisi asennoitua
niin, että Jumala tekee kaiken, ja "minä olen
vain instrumentti käsissäsi." Navaratri opettaa

meille, että tämän tietoisuuden tulisi herätä sisällämme. Elämän kaikki voitot ovat seurausta Jumalan siunauksista ja voimasta, ja meidän ei milloinkaan pitäisi olla henkilökohtaisesti ylpeä voitoistamme. Jumalan muistaminen ja Jumalalle antautuminen tekevät elämästä siunatun.

Navaratri opettaa meille asteittaisen edistymisen ja lopullisen vapautuksen merkityksen antaumuksen tien kautta. Se opettaa meille, että tämä on tärkeämpää kuin materiaaliset saavutukset. Jumalallinen Äiti herättää sisäisen henkisen tiedon poistamalla mielen epäpuhtaudet ja tuhoamalla egon niiltä, jotka asettavat Jumalan oivaltamisen elämänsä päämääräksi.

# Antakaa jouluna rakkauden lahja

Lapset, joulun aika herättää ihmisten sydämissä hyvyyden, myötätunnon ja hyvien odotusten värähtelyjä. Joulu muistuttaa meitä siitä, että sydämemme on täytyttävä rakkaudesta Jumalaa ja kanssakulkijoitamme kohtaan. Se muistuttaa meitä siitä, että meidän on päästettävä irti itsekkyyden ja vihan tunteista. Kristuksen kaltaiset *mahatmat* osoittivat sellaista hyvyyttä koko elämänsä.

Joulu on myös aikaa, jolloin voimme parantaa suhteitamme muihin ihmisiin. Ikävä kyllä ihmiset kehittävät usein kielteisiä tunteita sukulaisiaan, ystäviään ja työtovereitaan kohtaan. Niin käy useimmiten silloin, kun he eivät ole täyttäneet odotuksiamme. Kielteisiä tunteita toisia kohtaan syntyy myös siksi, että olemme ymmärtäneet toisen väärin. Tosiasiassa ymmärryksemme toisista pohjautuu – oikein tai väärin – omaan kulttuuriimme ja kokemuksiimme. Varas ajattelee, että kaikki muut etsivät tilaisuutta päästä varastamaan häneltä!

Kun nainen palasi töistä kotiin, hän näki tyttärensä seisomassa kummassakin kädessään omena. Hän sanoi hyvin rakastavasti: "Rakas tyttäreni, saanko yhden omenan?"

Tyttö katsoi äitiään kasvoihin ja haukkasi palan oikeassa kädessään olevasta omenasta. Heti perään hän haukkasi myös vasemmassa kädessään olevasta omenasta! Kun äiti näki tämän, hänen kasvonsa tummuivat. Hän yritti piilottaa syvää pettymystään. Mutta seuraavaksi tytär antoi hänelle oikeassa kädessään olevan omenan ja sanoi: "Äiti, ota tämä! Se on makeampi!"

Äiti ei ollut pystynyt tunnistamaan oman lapsensa viatonta rakkautta. Tämä tarina muistuttaa meitä siitä, kuinka väärässä voimme ollakaan, kun tuomitsemme toisia oman rajallisen ymmärryksemme pohjalta.

Olimmepa kuinka kokeneita tai tietäväisiä hyvänsä, emme saa milloinkaan vetää äkkinäisiä johtopäätöksiä ja syyttää tai loukata toisia. Meillä on oltava hyvää sydäntä kuunnella heitä ja ymmärtää heidän puolensa tarinasta. Meidän on annettava toiselle tilaisuus selittää jopa silloin, kun ajattelemme hänen tehneen mitä kauheimman rikoksen. On mahdollista, että olemme ymmärtäneet tilanteen väärin.

Lahjojen antaminen ja saaminen tuo jouluna jokaiselle paljon iloa. Parhaita lahjoja ei kuitenkaan osteta kaupasta, vaan niitä ovat pahoista tavoistamme luopuminen ja perheemme, ystäviemme ja työtovereidemme kohteleminen rakkaudella ja kunnioituksella. Joulun todellisen hengen tulisi loistaa sellaisten myönteisten muutosten kautta meidän jokaisen elämässä.

# Shivaratri on juhla Jumalaan syventymistä varten

Lapset - temppelifestivaalit, juhlat ja ryhmissä suoritettavat jumalanpalvelukset ovat tärkeässä osassa ihmisten kääntämisessä kohti Jumalaa. Kun joukko ihmisiä rukoilee ja muistaa Jumalaa yhdessä, syntyy ympärille hyviä värähtelyjä. Ihmisen voi olla vaikea ylittää ilmassa olevia negatiivisia värähtelyjä silloin, kun hän rukoilee yksin. Ryhmäjumalanpalveluksessa ilmapiiristä itsestään tulee suosiollinen Jumalaan keskittymiselle. Sen seurauksena henkisyyden kulttuuri lujittuu ihmisissä.

Temppelifestivaalien todellinen tavoite on luoda vankka perusta Jumalan ajattelemiselle ja palvelemiselle myös juhlapäivien jälkeen. Yksi tällaisista tärkeistä juhlista on Shivaratri. Shivaratri muistuttaa meitä, kuinka tärkeää on päästää irti negatiivisista ajatuksista ja uppoutua kokonaan ajatuksiin Jumalasta. Se kehottaa meitä ponnistelemaan, jotta saavuttaisimme ihmiselämän tärkeimmän päämäärän.

Shivaratri on luopumisen ja kieltäymyksen juhla. Päivällä yleensä paastotaan, ja nukkumisen sijasta ihmiset laulavat yöaikaan *bhajaneita*. Useimmat ihmiset eivät ole valmiita luopumaan ruoasta ja unesta, mutta Shivaratri rohkaisee jopa tavallisia ihmisiä herättelemään rakkauttaan Jumalaa kohtaan. Se innostaa heitä pidättäytymään ruoasta ja unesta, ja käyttämään aikaa meditaatioon ja *bhajaneitten* laulamiseen.

Eräs *gopika* meni kerran Nandagopan taloon noutamaan tulta öljylamppuunsa iltaa varten. Hän toivoi myös näkevänsä Krishna-vauvan. Mentyään sisälle hän terävöitti lamppunsa sydänlangan pään ja kosketti sillä talon lampun liekkiä sytyttääkseen sen. Juuri silloin hänen silmänsä osuivat Krishna- vauvaan, joka makasi kehdossaan. Hänen huomionsa suuntautui täysin Krishnaan. Hän ei huomannut lainkaan, että hänen omat sormensa alkoivat palaa.

Gopikan äiti oli odotellut jo jonkin aikaa tyttärensä paluuta, ja lähti Nandagopan talolle etsimään häntä. Häntä kohtasi uskomaton näky. Hänen tyttärensä oli niin uppoutunut katsomaan Krishnaa, että hän piteli sormissaan palavaa sydänlankaa lampun sijasta. Gopikan äiti ryntäsi hänen luokseen ja siirsi hänet pois tulen luota. "Mitä sinä teet, tyttäreni?" hän huusi. Vasta silloin gopika tuli tietoiseksi ulkoisesta maailmasta. Hän oli unohtanut kaiken muun nähdessään Krishnan. Hän ei tuntenut lainkaan kipua tuossa ylevöityneessä antaumuksellisen ekstaasin tilassa. Tämä tarina opettaa meille, että jos kehitämme rakkautta korkeampia päämääriä kohtaan, saamme voimaa ylittää kaikki mentaaliset ja fyysiset heikkoudet.

Suorittamalla Shivaratrin rituaaleja kehittäkäämme rakkautta Jumalaa kohtaan ja tulkaamme täydellisiksi astioiksi vastaanottamaan armo ja siunaukset Shivalta, joka on luopumisen, kieltäymyksen ja tiedon ruumiillistuma.

## Palvella Krishnaa on tulla Krishnaksi

Sri Krishna eli noin 5000 vuotta sitten. Se tosiasia, että ihmiset vielä muistavat ja palvelevat häntä, todistaa hänen suuruudestaan. Palvella Krishnaa on tulla Krishnaksi. Hänen elämänsä pitäisi olla esikuva omalle elämällemme. Sri Krishnan muoto on tavattoman kaunis, mutta tämä kauneus ei ole rajoittunut fyysiseen muotoon. Se on sydämen kuolematonta kauneutta.

*Moksha* — vapautuminen surusta — ei ole jotakin, mikä saavutetaan kuoleman jälkeen jossakin toisessa maailmassa. Se on ymmärrettävä ja koettava jo tässä maailmassa eläessä. Sri Krishna opetti tätä periaatetta oman elämänsä esimerkillä. Hänen elämäntarinansa opettaa, mikä on tässä maailmassa elettävän elämän tarkoitus ja kuinka sitä tulisi elää. Hän oli *mahaguru,* joka juhlisti innolla jopa elämän epäonnistumisia. Älä aiheuta itkua toisille, vaan elä niin, että saat heidät hymyilemään — tätä opetusta Sri

Krishna välitti elämällään. Hän on vaununajaja, joka ohjaa vaunuamme kohti autuutta. Yleensä ihmiset haluavat saada mielihyvää toisten kärsimyksestä. Sri Krishnan sisäinen autuus oli kuitenkin nauru, joka kumpusi maailmaan hänen sydämensä täyteydestä. Sen vuoksi hymy ei kaikonnut hänen kasvoiltaan edes taistelukentän tappiossa. Hän opastaa meitä nauramaan omille typeryyksillemme ja vajavaisuuksillemme.

Sri Krishna on esikuva meille jokaiselle riippumatta valitsemastamme toiminta-alueesta. Hän oli yhtä kuninkaiden ja tavallisten ihmisten kanssa. Vaikka hän oli syntyperäinen prinssi, hän paimensi karjaa, ajoi vaunuja, pesi toisten jalkoja ja teki jopa alempiarvoisia töitä, kuten siivosi pois banaaninlehtilautasia juhlien jälkeen. Hän oli vieläpä valmis menemään epäoikeudenmukaisten luokse rauhanlähettiläänä.

Hän oli vallankumouksellinen hahmo, joka kohotti äänensä vastustamaan sopimattomia harjoitteita. Hän kehotti ihmisiä lopettamaan sateen rukoilemisen Indralta ja palvomaan sen sijaan Govardhanan kukkulaa. Hän selitti, että itse asiassa nämä mäet estivät sadepilvien pääsyn paikalle. Sri Krishna antoi meille ensimmäiset oppitunnit ympäristönsuojelusta. Nykyäänkin meidän on yritettävä suojella luontoa ja tuettava harmonian ylläpitämistä ympäröivässä maailmassa. Kun luonnon tasapaino järkkyy, myös ihmisten väliset suhteet joutuvat epäharmoniaan.

Useimmat meistä nujertuvat ja laiskistuvat, jos meille ei osoiteta sellaista työtä, jota haluamme tehdä. Meidän on kyettävä tekemään kaikenlaisia töitä iloisin mielin ja tyytyväisinä. Meidän kaikkien tulisi pyrkiä jäljittelemään innostuneisuutta ja kärsivällisyyttä, jota Sri Krishna osoitti. Joskus olosuhteet ovat suotuisat, joskus ne ovat epäsuotuisat. Niistä riippumatta, tehkää velvollisuutenne innokkaasti. Velvollisuutenne voivat olla mitä ja millaisia tahansa, mutta pysykää sisäisesti tarkkailijoina. Tämä on Sri Krishnan hymyn merkitys. Tämä periaate on Krishnan maailmalle osoittaman sanoman ytimessä.

# Rakkaus

## Kiivetkää rakkauden tikapuiden huipulle

Lapset, on yksi asia, jota useimmat ihmiset tässä maailmassa janoavat, ja se on rakkaus. Ihmiset etsivät ystäviä, menevät naimisiin ja viettävät perhe-elämää rakkauden tähden. Rakkaus on kuitenkin traagisesti kaikkein heikoimmissa kantimissa nykymaailmassa, koska jokainen haluaa saada rakkautta, mutta kukaan ei halua antaa sitä. Ja silloinkin kun rakkautta annetaan, siihen liittyy paljon odotuksia ja ehtoja. Sellainen "rakkaus" voi särkyä milloin tahansa. Se voi muuttua vihaksi ja vihamielisyydeksi. Tämä on maailman luonne. Kun ymmärrämme tämän totuuden, meidän ei tarvitse enää surra. Kuumuus ja valo ovat tulen luonne. Emme voi ajatella tulta, jolla on vain toinen näistä ominaisuuksista. Samalla tavoin, kun hyväksymme, että maallisessa rakkaudessa tulee olemaan jonkin verran surua, pystymme hyväksymään kaiken tyynesti.

Meissä kaikissa on puhdasta rakkautta. Pystymme myös rakastamaan kaikkia ilman odotuksia. Koska rakkaus on todellinen luontomme, se ei katoa milloinkaan. Öljyyn upotettu jalokivi näyttää menettäneen loistonsa, mutta loisto voidaan palauttaa. Jalokivi on vain puhdistettava. Samalla tavoin voimme palauttaa itsemme puhtaimpaan rakkauden muotoon poistamalla mentaaliset epäpuhtautemme.

Rakkaus on kuin tikapuut, joissa on monta puolaa. Tänään useimmat meistä ovat niiden alimmalla puolalla. Meidän ei tulisi jäädä seisomaan siihen loppuelämäksemme, vaan jokaista puolaa olisi käytettävä astinlautana seuraavaan. Meidän ei pitäisi pysähtyä, ennen kuin saavutamme rakkauden korkeimman tason. Tämä rakkaus on elämän korkein päämäärä.

"Minä rakastan sinua" on yleinen ilmaisu, mutta se on erheellinen. Totuus on: "Minä olen rakkaus. Olen rakkauden ruumiillistuma." Kun sanomme "minä rakastan sinua", on mukana "minä" ja "sinä". Siinä on erillisyyttä. Rakkaus on ansassa näiden "minän" ja "sinän" välissä. Se tukehtuu siellä ja lopulta katoaa.

Jos yritämme rakastaa minän ja sinän asenteella, olemme kuin pieni käärme, joka yrittää nielaista valtavan sammakon. Molemmat kärsivät. Mutta kun rakkautta ilmaistaan ilman minkäänlaisia odotuksia, kärsimystä ei ole. Epäitsekäs rakkautemme auttaa herättämään epäitsekkään rakkauden myös muissa. Silloin elämämme täyttyvät rakkaudesta ja onnellisuudesta. Kun oivallamme: "Minä olen rakkauden ruumiillistuma", meillä ei voi enää olla itsekkäitä pyyteitä tai odotuksia. Aivan kuten joki, joka virtaa keskeytyksettä eteenpäin, elämämme muuttuu puhtaaksi rakkaudeksi, joka virtaa kaikille. Silloin maailma saa meiltä vain hyviä asioita. Kohotkoon jokainen meistä tuolle puhtaan rakkauden korkeimmalle tasolle.

## Rakkaus tekee elämästämme jumalallista

Lapset, monet meistä vakiinnuttavat ihmis-
suhteensa liiketaloudellisen voiton ja tappion
pohjalta. Hankkiessamme rikkauksia unohdamme
usein rakkauden rikkauden. Rakkaus on rikkaus,
joka tekee elämästämme jumalallista. Rakkaus
on elämän todellinen hyvyys.

Jumalan luomakunnassa on monia asioita,
jotka on siunattu viehätysvoimalla ja kyvyllä
tehdä toiset onnelliseksi. Esimerkiksi perhosten
kauneus, kukkien tuoksu ja hunajan makeus vetävät
puoleensa jokaista ja levittävät onnellisuutta.
Nämä ominaisuudet tulevat niiden sisältä, ei
ulkoa päin. Mutta millaisessa tilassa onkaan
kaikkein jumalallisin luomus, jota ihmiseksi
kutsutaan? Jos hän tarvitsee tuoksua kehoonsa,
hänen on laitettava parfyymia. Jos hän haluaa
olla kaunis, hänen on pukeuduttava hienoihin
vaatteisiin ja meikattava. Niistäkin huolimatta
ihmisen sisältä tulee pahanhajuisia epäpuhtauksia.
Mutta jos yritämme, pystymme levittämään

onnellisuutta, lohtua ja hyvää energiaa muille ihmisille. Tähän voidaan yltää hyvien ajatusten, rakastavien sanojen, hymyilevän luonteen ja epäitsekkäiden tekojen kautta.

Tämä elämä voi loppua minä hetkenä hyvänsä. Tietoisuus tästä edesauttaa meitä saamaan oikean näkemyksen. Sen ansiosta olemme onnellisia jopa silloin, kun kuolema seisoo suoraan edessämme.

Lääkäri saattaa sanoa potilaalle, jolla on syöpä tai muu kuolemaan johtava sairaus: "Sinulla on elinaikaa jäljellä enää vain kolmesta kuuteen kuukautta." Kun potilas sinä hetkenä näkee kuoleman edessään, hän oivaltaa, että hän ei saa mukaansa mitään materiaalisia rikkauksia tai kuuluisuutta, ja että hänen ainoa pelastuksensa on Jumalassa. Tämän oivalluksen myötä hänen sisällään tapahtuu suuri muutos. Hänessä kehittyy mieli, joka rakastaa jokaista. Hän haluaa antaa anteeksi niille, jotka ovat aiheuttaneet hänelle tuskaa. Hän pyytää anteeksi niiltä, joita hän on itse loukannut.

Jotkut sellaiset ihmiset ovat kertoneet Ammalle: "Amma, haluan elää rakastaen kaikkia ne muutamat päivät, jotka minulla vielä on jäljellä. En ole kyennyt todella rakastamaan vaimoani ja lapsiani. Nyt haluan antaa heille paljon rakkautta. Haluan rakastaa niitä, jotka ovat vihanneet minua ja joita minä olen vihannut. Eikä siinä kaikki. Olen loukannut monia ihmisiä, ja haluan pyytää heiltäkin anteeksi."

Meillä kaikilla on tällainen kyky rakastaa ja antaa anteeksi. Meidän ei tarvitse odottaa siihen saakka, että kuolema kolkuttaa ovellamme. Jos aloitamme tänään, pystymme herättämään itsessämme tämän asenteen.

Rikkaus ja kuuluisuus eivät tee elämästämme jumalallista, mutta rakkaus, myötätunto ja välittäminen tekevät. Nykyajan ihmiskunta tarvitsee tätä oivallusta.

# Gurun luonne

## Opettajaa tarvitaan hienovaraisimpaan tieteeseen

Mitään ei voi oppia ilman opettajaa, olipa kyseessä taide, tiede, historia, hyvän aterian valmistaminen tai jopa kengännauhan solmiminen. Henkisyys on tiede, sisäiseen itseen suuntautunut tiede. Sellaisena se on hienovaraisempi kuin mikään muu tiede. Jos kaikkiin materiaalisiinkin tieteisiin tarvitaan opettaja — ja materiaaliset tieteet ovat karkeampia tieteitä — niin mitä voidaankaan sanoa henkisyydestä, kaikkein hienovaraisimmasta tieteestä?

Tosiasiassa kukaan ei todella valitse itselleen gurua. Suhde syntyy spontaanisti, jopa spontaanimmin kuin rakastuminen. Kuitenkin, jotta voisi olla olemassa guru, täytyy ensin olla olemassa oppilas. Kun oppilas on valmis, guru vain ilmestyy.

*Satguru* — todellinen mestari — on täysin ilman egoa. Sellaisena hän ei voi esittää

111

vaatimuksia. Satguru on malliesimerkki puhtaasta rakkaudesta, myötätunnosta ja uhrautuvaisuudesta. Satguru on nöyrääkin nöyrempi ja yksinkertaistakin yksinkertaisempi. Tosiasiassa aidossa guru-oppilassuhteessa on vaikea erottaa, kumpi on oppilas ja kumpi guru, koska guru on niin uskomattoman nöyrä. Satguru ei voi esittää vaateita ylitettyään kaiken erillisen yksilöllisyyden tunteen sekä kaikki mieltymykset ja vastenmielisyydet. Sellainen guru näkee vain jumalallisuutta kaikessa — itsevalaisevan itsen, puhtaan tietoisuuden.

Eräänä päivänä Pimeys lähestyi Jumalaa ja sanoi: "En ole milloinkaan tehnyt mitään satuttaakseni Aurinkoa, mutta hän vain jatkaa kiduttamistani. Minne tahansa menenkin, hän ilmestyy pian sinne ja minun on paettava. En saa hetkenkään lepoa. En halua valittaa, mutta liika on liikaa! Kuinka kauan tätä jatkuu?"

Jumala kutsui heti Auringon paikalle ja kysyi häneltä: "Miksi ahdistelet Pimeys-parkaa?"

Aurinko vastasi: "Mistä oikein puhut? En ole milloinkaan tavannut ketään Pimeyttä." Ja totta tosiaan: Jumala katseli ympärilleen eikä

Pimeyttä näkynyt missään. Hän oli kadonnut. Aurinko sanoi: "Heti kun onnistut tuomaan Pimeyden eteeni, olen valmis pyytämään häneltä anteeksi, tai mitä vain käsketkään. Ehkäpä olen tietämättäni satuttanut häntä. Mutta anna minun edes nähdä henkilö, joka minusta valittaa."

Kerrotaan, että Pimeyden aloittama juttu Aurinkoa vastaan on yhä ratkaisematta. Jumala ei ole tähänkään päivään mennessä onnistunut tuomaan molempia osapuolia yhtä aikaa eteensä. Joskus tulee Pimeys, joskus Aurinko, mutta milloinkaan eivät molemmat samaan aikaan. Juttua ei voida ratkaista, ennen kuin molemmat osapuolet ovat yhdessä paikalla.

Miten Pimeys voi kohdata Auringon? Pimeydellä ei ole olemassaoloa; se on vain valon poissaoloa. Kun valoa on paikalla, sen poissaoloa ei voi olla olemassa.

Guru antaa tarvittavan opetuksen, ohjeistuksen ja selkeyden meille, joilla ei ole henkisyyteen liittyvää viitekehystä, jotta voimme ymmärtää ja omaksua henkiset periaatteet niiden yksinkertaisimmassa ja puhtaimmassa muodossa.

Henkisyys ja henkinen ajattelu ovat maallisen elämän ja materiaalisen ajattelun täydellinen vastakohta. Kun sitten aloitamme henkisen elämän vanhojen ajattelutapojemme pohjalta, mitä tapahtuu? Epäonnistumme. Kestää jonkin aikaa, ennen kuin alamme ymmärtää. Guru on kuitenkin kärsivällinen. Hän selittää ja havainnollistaa, selittää ja havainnollistaa, ja selittää ja havainnollistaa yhä uudestaan ja uudestaan, kunnes lopulta ymmärrämme asian kertakaikkisesti. Paras tapa oppia vieras kieli on elää sellaisen ihmisen kanssa, joka puhuu sitä äidinkielenään. Gurun äidinkieli on henkisyys, itseoivallus.

Guru johtaa sinut tunnetusta eroavaisuuksien maailmasta tuntemattomaan ykseyden maailmaan. Satguru on vakiintunut täydelliseen ykseyteen Korkeimman kanssa. Sen vuoksi hän näkee jumalallisen kaikkialla. Kun hän katsoo oppilasta, hän näkee tämän sisällä piilevän jumalallisen kauneuden. Tämä muistuttaa hyvin paljon sitä, kuinka kuvanveistäjä näkee kivessä ansassa olevan kauniin patsaan. Niin kuin kuvanveistäjä työstää taltalla kiven kärjekkäitä kulmia vapauttaakseen

114

kauniin patsaan, niin myös guru työskentelee oppilaan heikkouksien ja rajoitusten kanssa auttaakseen häntä oivaltamaan todellisen Itsensä.

Todellisessa antautumisessa ei ole ajattelua, koska antautuessa mieli ylitetään. Nykytilassamme mietimme, että antautuako vaiko eikö antautua, ja kutsumme sitä "antautumiseksi". Toisin sanoen, kun oppilasta harjoitetaan satgurun alaisuudessa, mukana on yhä mentaalisia konflikteja ja sisäistä kamppailua. Tämä konflikti loppuu ja oivallus tapahtuu vasta, kun lopullinen antautumisen tila saapuu. Antautuminen ei ole teko, se on tapahtuma. Se on asenne, joka koskettaa kaikkia oppilaan elämän alueita.

Yleensä sanaan "antautuminen" liittyy paljon pelkoa. Kuullessamme sen pelkäämme, että menetämme kaiken. Aito antautuminen tuo kuitenkin tosiasiassa meille lisää selkeyttä, lisää rakkautta, lisää myötätuntoa, lisää onnistumista — lisää kaikkea hyvää, kaunista ja viisasta. Antautuminen muistuttaa sitä, kuinka siemen luopuu kuorestaan tullakseen puuksi.

## Mahatmat laskeutuvat alas kohottaakseen meidät ylös

Lapset, henkisyys on tietoa itsestä — oman todellisen olemuksen tunnistamista. Jos kuningas ei pysty tunnistamaan itseään kuninkaaksi, hänen kuninkuutensa on hyödytöntä. Jos kerjäläinen on tietämätön kallisarvoisesta aarteesta, joka on hänen majansa alla, hän pysyy kerjäläisenä. Useimpien ihmisten tila on samankaltainen. Rikkauksien ja mielihyvän toivossaan he satuttavat toisiaan ja itseään. He jopa tuhoavat luontoa. Jos haluamme kohottaa sellaisia ihmisiä, meidän on laskeuduttava heidän tasolleen.

Kylään saapui kerran kummallisesti pukeutunut noita. Kyläläiset alkoivat tehdä hänestä pilaa. Kun liiallisen kiusaamisen kynnys ylittyi, noita suuttui. Hän otti tuhkaa, lausui mantran ja pudotti tuhkan kaivoon. Hän manasi, että jokainen, joka juo kaivosta vettä, tulee hulluksi. Ja juuri näin tapahtuikin. Pian jokainen kyläläinen oli hullu.

Kylän päälliköllä oli kuitenkin oma kaivo, ja hän oli kunnossa. Muut kyläläiset olivat kuitenkin täysin sekopäisiä. He päästelivät suustaan kaikkea mieleen juolahtanutta hölynpölyä, tanssivat ympäriinsä, ja käyttäytyivät mielipuolisesti. Vähitellen he huomasivat, että heidän päällikkönsä ei käyttäytynyt kuten he. He olivat hämmästyneitä ja päättivät, että päällikön täytyi olla hullu. He yrittivät sitoa hänet, ja seurasi täysi kaaos. Päällikkö onnistui jotenkin pääsemään pakoon. Hän ajatteli: "Kaikki kyläläiset ovat tulleet hulluiksi. He eivät jätä minua rauhaan, ellen käyttäydy samalla tavoin kuin he. Jos aion elää täällä ja kohottaa heidät tilastaan, voin vain käyttäytyä täsmälleen heidän laillaan. Varkaan kiinni ottamiseksi voi olla tarpeen käyttäytyä kuin varas." Näin päätettyään kylän päällikkö alkoi tanssia ja käyttäytyä yhtä järjettömästi kuin kyläläiset. He olivat iloisia nähdessään, että päällikkö oli parantunut hulluudestaan.

Aikanaan päällikkö innosti kyläläisiä kaivamaan uuden kaivon ja juomaan vettä siitä. Lopulta jokainen palasi normaaliksi.

*Mahatmat* ovat tämän kyläpäällikön kaltaisia. Ihmiset saattavat pitää heitä pilkkanaan ja jopa leimata heidät "mielipuoliksi". Mutta mahatmat, jotka näkevät ylistykset ja moitteet yhtäläisinä, eivät vaivaa itseään sellaisilla asioilla. He laskeutuvat ihmisten tasolle ja kohottavat heidät näyttämällä esimerkkiä palvelusta ja pyyteettömästä rakkaudesta.

Henkisyys ei ole sokeaa uskoa Jumalaan tai uskonnollisiin seremonioihin ja tapoihin. Siinä on kyse sydänten yhdistämisestä. Vasta kun uskonnosta tulee henkisyyttä, asettuu yhteiskunta dharman, universaalien arvojen ja palveluhenkisyyden vakaalle perustalle.

## Guru on perimmäisen totuuden ruumiillistuma

Lapset, jotkut ihmiset luulevat, että gurulle antautuminen muistuttaa orjaksi joutumista — että se on vain yhdenlainen kahle. Nykyisellään olemme kuin kuningas, joka uneksi eräänä yönä olevansa kerjäläinen ja masentui siitä. Guru herättää meidät tietämättömyyden unesta, joka on todellinen syy kaikkeen suruumme.

Vaikka olisimme unohtaneet runon, jonka opimme nuorena, se palaa kokonaan mieleemme, kun joku lausuu siitä ensimmäisiä rivejä. Samalla tavoin, nykyinen tilamme on unohduksen tila — henkisen unohduksen — ja gurun opetuksilla on voima herättää meidät.

Jokaisessa siemenessä on puu. Mutta jotta puu voisi tulla esiin, siemenen on ensin mentävä maan alle ja murruttava auki. Samalla tavoin, vaikka olemmekin ääretön totuus, emme milloinkaan koe sen todellisuutta, ellei egomme kuori murru auki. Guru on se, joka pitää huolen tästä prosessista.

Jotta verso voisi kasvaa puuksi, se tarvitsee otollisen ympäristön. Sitä on kasteltava ja lannoitettava oikeaan aikaan. Sitä on varjeltava erilaisilta tuholaisilta. Guru tekee henkisellä tasolla saman oppilailleen huolehtien heistä ja suojellen heitä erilaisilta esteiltä ja ansoilta.

Niin kuin suodatin puhdistaa veden, guru puhdistaa oppilaan mielen ja poistaa egon. Nykytilassamme joudumme joka käänteessä egomme orjaksi. Emme onnistu käyttämään erottelukykyämme ja siksi emme kykene etenemään elämässämme.

Kun varas oli murtautumassa taloon, asukkaat heräsivät ja varkaan oli lähdettävä pakoon. Talon asukkaat huusivat: "Varas! Varas!" Pian talon edustalle oli kerääntynyt suuri joukko ihmisiä ottamaan varasta kiinni. Nokkela varas sai idean. Myös hän alkoi huutaa: "Varas! Varas!" Näin hän onnistui soluttautumaan väkijoukkoon ja vältti kiinnijäämiseltä. Myös ego on tällainen. Oppilaan on yksin vaikeaa ottaa sitä kiinni ja tuhota se. Harjoitus satgurun alaisuudessa on välttämätöntä.

Guru yrittää poistaa oppilaan egon täydellisesti. Gurun ohjeisiin alistuminen ei ole orjuutta vaan tie korkeimpaan vapauteen ja ikuiseen onneen. Gurun ainoa päämäärä on vapauttaa oppilaansa surusta. Kun guru nuhtelee häntä, oppilas saattaa tuntea itsensä jonkin verran surulliseksi, mutta guru nuhtelee häntä vain yhden päämäärän takia — kitkeäkseen ja tuhotakseen oppilaan kaikki negatiiviset taipumukset ja herättääkseen hänet todelliseen Itseensä. Oppilas kokee tämän prosessin aikana mitä luultavimmin jonkin verran tunnekipua. Tämä muistuttaa kipua, jota koetaan silloin, kun lääkäri puristaa haavaa valuttaakseen siitä pois kaiken mädän ja bakteerit. Saadakseen kaiken pois lääkäri saattaa joutua jopa leikkaamaan haavan auki. Tietämättömälle sivustakatsojalle lääkäri saattaa vaikuttaa julmalta. Mutta jos lääkäri "sympatiasta" potilasta kohtaan jättää tämän prosessin väliin ja antaa hänelle vain ulkoista lääkettä, haava ei milloinkaan parane. Aivan kuten lääkärin ainoana tavoitteena on poistaa epäpuhtaudet fyysisestä kehosta, gurun ainoana tavoitteena on poistaa mielen negatiivisuudet.

Todellisuudessa guru ei ole pelkkä yksilö. Hän on *parama tattvam* — korkein periaate. Hän on totuuden, maailmasta luopumisen, rakkauden ja dharman ruumiillistuma. Satgurun seurassa oppilas pystyy omaksumaan itselleen kaiken, mitä guru edustaa, ja vapauttamaan itsensä. Tässä on gurun läsnäolon suuruus.

# Kulttuurimme

## Vanhempien ihmisten kunnioittaminen

Lapset, eräs tärkeimpiä piirteitä intialaisessa kulttuurissa on vanhempien, opettajien ja ikäihmisten kunnioittaminen. Ennen oli tapana kumartaa vatsallaan maaten vanhempien edessä, nousta kunnioittavasti seisomaan, kun he saapuivat huoneeseen, ja asettaa itseämme vanhemmat ihmiset etusijalle. On surullista, että emme ole ylläpitäneet näitä tapoja emmekä ole onnistuneet siirtämään niitä seuraavalle sukupolvelle.

Jotkut kysyvät: "Eikö toisten etusijalle asettaminen ja tottelevaisuus ole merkki heikkoudesta tai orjamentaliteetista?" Lapset, älkää milloinkaan ajatelko sillä tavalla. Asia ei ole niin. Nämä ovat käytännöllisiä tapoja vakiinnuttaa perheisiin ja yhteiskuntaan harmonia. Jotta kone toimisi luotettavasti, sitä on öljyttävä ja huollettava asianmukaisesti. Silloin se on aina valmiina käyttöön. Samalla tavoin, välttääksemme kitkaa yksilöiden välillä ja poistaaksemme esteet yhteiskunnan edistyksen tieltä, meidän on ylläpidettävä hyviä tapoja, kuten ikäihmisten kunnioittamista ja heidän asettamistaan etusijalle.

Ihmiset kunnioittavat auktoriteettihahmoja. Todellisuudessa suojelemme sillä tavoin maan lakeja. Samoin, kun tottelemme ja kunnioitamme ihmisiä, jotka ovat meitä suurempia iältään ja tiedoiltaan, kunnioitamme todellisuudessa heidän kokemuksiensa runsautta. Kun oppilas osoittaa kunnioitusta opettajalleen, hän osoittaa halukkuutta oppimiseen. Se auttaa häntä kuuntelemaan keskittyneesti opettajan sanoja ja sisäistämään hänen opetuksensa täydellisesti. Myös opettajan sydän sulaa, kun hän näkee oppilaan nöyryyden ja tiedonhalun. Hän yrittää jakaa tietonsa oppilaalle täysin sydämin. Kunnioituksestaan ja kuuliaisuudestaan hyötyy todella eniten oppilas itse.

Eräs henkilö yritti kerran löytää *pujaa* varten sileää, pyöreää kiveä. Hän etsi kaikkialta. Hän kiipesi jopa vuorelle, mutta ei löytänyt sellaista. Turhautuneena hän potkaisi kiveä,

joka vieri vuorenrinnettä alas. Kun hän las-
keutui alas vuorelta, hän löysi yllättäen alhaalta
hyvin viehättävän pyöreän, sileän kiven. Tämä
oli todellisuudessa sama kivi, jonka hän oli
potkaissut alas vuorenhuipulta. Siitä oli tullut
sileä törmäillessään muihin kiviin matkalla
alas. Samalla tavoin egomme terävät kulmat
katoavat vasta, kun luovumme asenteesta "minä"
ja "minun", ja saavutamme kuuliaisuuden ja
yksinkertaisuuden. Vasta silloin saavutamme
kypsän mielen.

Tottelevaisuus ei milloinkaan ole vapaan
ajattelun ja kasvun este. Kun tieteessä tehdään
uusi keksintö, on mukana vapaata ajattelua.
Mutta keksijän vapaa ajattelu pohjautui häntä
edeltäneiden tieteilijöiden tekemälle työlle. Tällä
tavoin todellista edistystä voi tapahtua vain, jos
jokainen sukupolvi sisäistää edellisen sukupolven
myötävaikutuksen nöyrästi ja kuuliaisesti.

## Luonnon harmonian palauttaminen

Lapset, kaikella maailmankaikkeudessa on rytmi. Tuuli, sade hengityksemme, sydämenlyöntimme — kaikilla näistä on oma rytminsä. Mielen ja ruumiin terveyden vuoksi ja pitkäikäisyyden takaamiseksi on välttämätöntä säilyttää tämä rytmi. Ajatuksemme ja tekomme määrittävät elämän rytmin ja melodian. Jos ajatustemme rytmi katoaa, se heijastuu pian tekoihimme. Ennemmin tai myöhemmin tämä vaikuttaa luonnon rytmiin. Pääsyy luonnon katastrofeihin, kuten tsunameihin, maanvyörymiin ja maanjäristyksiin, on luonnon harmonian vinoutuminen.

Kuningas pukeutui kerran valepukuun ja lähti metsästysretkelle. Matkan aikana hän joutui eroon muusta ryhmästä ja eksyi metsässä. Nälkäisenä ja väsyneenä hän näki lopulta majan, joka oli heimoperheen koti. Perhe ei tunnistanut kuningasta. He toivat hänelle joitakin hedelmiä ja marjoja. Kuningas puraisi hedelmää ja huudahti: "Kuinka hapan tämä hedelmä onkaan!"

"Niin, se on kovin onnetonta", myönsi perhe. "Kuninkaamme on tavattoman itsekäs, nautinnonhaluinen ja irstas. Julmuudessaan hän pakottaa meidät maksamaan kohtuuttomia veroja. Ne, jotka eivät pysty maksamaan, surmataan. Hänen adharmisten tekojensa vuoksi jopa luonnostaan makeista hedelmistä on tulossa happamia."

Kun kuningas palasi myöhemmin yöllä palatsiinsa, hän ei pystynyt unohtamaan tapausta metsässä. Hän ajatteli, kuinka paljon hänen kansansa kärsi hänen vuokseen, ja katumus täytti hänet. Hän päätti omistaa loppuelämänsä kansansa vilpittömälle palvelemiselle. Pian aloitettiin monia hyväntekeväisyyshankkeita ja leikattiin veroja.

Muutaman vuoden kuluttua hän naamioitui jälleen ja lähti metsämajalle. Heimoperhe toi taas hänelle hedelmiä. Tällä kertaa ne olivat kaikki makeita. Hän kysyi perheeltä syytä muutokseen. "Hallitsijamme on muuttunut mies", he vastasivat. "Hän hallitsee valtakuntaansa nyt oikein hyvin.

Ihmiset ovat onnellisia ja tyytyväisiä. Myös luonnossa on tapahtunut suuri muutos hänen hyvien tekojensa vuoksi. Siksi hedelmät ovat niin makeita."

Mikä on tämän tarinan opetus? Ihmisen toimet vaikuttavat luontoon. Jos ihmisen teot ovat adharmisia, luonto menettää tasapainonsa. Jos ihmisen teot ovat dharmisia, myös se heijastuu luontoon. Luonnon tasapaino palautuu.

Monet ihmiset riistävät nykyään luontoa ylen määrin. Siten luonto on kadottamassa rytminsä. Luonnonmullistukset yleistyvät yhä enemmän ja enemmän. Jopa pienetkin perheet asuvat mieluiten isossa talossa. Kaksi ihmistä tarvitsee talossa vain kaksi huonetta. Enimmillään he voivat käyttää kahta tai kolmea ylimääräistä huonetta, mutta monet rakennuttavat kymmenen tai viidentoista huoneen taloja. Tämän vuoksi he louhivat mäkiä maan tasalle, räjäyttävät vuoria ja poraavat kaivoja. He eivät pysähdy miettimään, onko oikein hyödyntää luontoa heidän itsekkäiden tarpeidensa vuoksi.

Pienellä tunnollisuudella voimme lopettaa tämän ylenmääräisen luonnonvarojemme riiston.

Miljoonat ihmiset maassamme matkustavat töihin autoissaan yksin. Jos viisi sellaista ihmistä siirtyy kimppakyyteihin, tarvitaan tuhannen auton sijasta vain kaksisataa autoa. Kuinka paljon voimmekaan hyötyä siitä! Liikenne voi vähentyä radikaalisti. Onnettomuudet vähenevät. Saasteiden määrä vähenee. Voimme vähentää polttoaineiden kulutusta ja kustannuksia. Lisäksi vähentynyt liikenne tarkoittaa ajallisesti lyhyempää työmatkaa.

Ihmisen mieletön toiminta nykyaikana muistuttaa tarinan puunhakkaajaa, joka yritti katkaista oksaa, jolla hän itse istui. On tavattoman tärkeää, että asenteemme muuttuu. Luonnon suojeleminen ei ole ihmisen velvollisuus luontoa kohtaan, se on ihmisen velvollisuus itseään kohtaan. Ihmisen itsensä säilyminen riippuu luonnosta. Kun ihminen ja luonto etenevät yhteisessä harmoniassa, elämästä tulee rauhallista. Kun rytmi ja harmonia kulkevat yhdessä, on siitä syntyvä musiikki melodista ja miellyttävää korvalle. Samalla tavoin ihmisen elämästä tulee kauniin suloista melodiaa, kun hän elää sopusoinnussa luonnon kanssa.

## Toivota tervetulleeksi kaikki "odottamattomat vieraat"

Lapset, kulttuurimme opettaa meitä näkemään *atithit* (odottamattomat vieraat) Jumalan vertaisina. Mutta "odottamattomilla vierailla" ei tarkoiteta ainoastaan ihmisiä, vaan myös kaikkia odottamattomia olosuhteita. Sen vuoksi meidän on oltava valmiita näkemään kaikki luoksemme tulevat olosuhteet kunnioitettuina vieraina ja toivottamaan ne halukkaasti tervetulleiksi.

Jos liikutamme shakissa nappuloita ainoastaan eteenpäin, emme voita peliä. Tietyissä olosuhteissa on joillakin nappuloilla osattava vetäytyä taktisesti. Samalla tavoin, kun joudumme tilanteeseen, jossa epäonnistumme, meidän on omaksuttava tuon kokemuksen antamat opetukset ja käytettävä sillä tavoin hankittua tietoa etenemiseemme.

Kun epäonnistuminen saapuu, meidän on huolellisesti rajattava se ulkoiseen. Emme voi antaa mielemme voiman ja itseluottamuksen kaatua samalla. Lisäksi, meidän ei pitäisi

milloinkaan luopua hyväsydämisyydestämme
ja palveluhenkisyydestämme.

Johtamistaidon instituutin kampuksella
suoritettiin kerran työpaikkahaastatteluja opiske-
lijoille. Kun haastattelut olivat ohitse, opiskelijat
menivät huoneisiinsa. Jotkut opiskelijoista
onnistuivat hyvin, ja he olivat hyvin iloisia.
Toiset olivat apeita. Eräs valitsematta jääneistä
opiskelijoista jäi istumaan saliin, jossa haastattelut
suoritettiin. Saliin kävi lempeä tuuli. Hän istui
siellä jonkin aikaa nauttien tuulesta. Tuolit oli
nyt viskelty hujan hajan ympäri huonetta. Hän
huomasi sen ja päätti asetella ne kunnolliseen
järjestykseen.

Järjestäessään tuoleja hän huomasi, että joku
seurasi häntä ovensuusta. Se oli eräs haastatteli-
joista. Nuorukaisen toimet olivat kiinnittäneet
haastattelijan huomion. Sen sijaan, että olisi
jäänyt murehtimaan epäonnistumista, poika oli
pysytellyt keskittyneenä ja säilyttänyt sosiaalisen
vastuullisuuden tunteensa. Kun haastattelija näki
pojan työskentelevän, hän tunsi kunnioitusta tätä
kohtaan. Hän kutsui nuoren miehen luokseen
ja antoi tälle hyvin palkatun työn.

Nuoren miehen lyömätön sosiaalinen vastuuntunne ja mielen läsnäolo tuottivat hänelle työpaikan. Hän ei murehtinut liikaa sitä, että oli jäänyt ilman työpaikkaa. Sen sijaan hän ajatteli sitä, mitä voisi tehdä tällä hetkellä. Hallin siivoaminen ei ollut hänen työtään, mutta hän ei ajatellut: "Tämä työ ei kuulu minulle, tehköön sen joku muu." Vaikka työ ei ollutkaan hänen vastuullaan, hän suoritti sen siististi. Tämä asennoituminen vei hänet voittoon.

Kaikki, jotka toimivat niin kuin tämä nuori mies, eivät päädy voittoon. Mutta maailmankaikkeuden muuttumaton laki on, että ne, jotka tekevät hyviä tekoja, saavat niistä korvauksen — elleivät tänään, niin huomenna.

132

## Valo pimeydessä

Lapset, maailman tila on nykyään surkea. Yhtäällä on loputtomasti terrorismia ja terroristisia hyökkäyksiä, toisaalla tapahtuu yhä useammin ja useammin luonnonkatastrofeja ihmisen itsekkyyden ja ahneuden takia. Silti näissäkin olosuhteissa voimme nähdä siellä täällä toivonpilkahduksia. On ihmisiä, jotka yrittävät kovasti auttaa nälkäisiä ja kärsiviä. Nämä ihmiset ovat roolimalleja, koska heidän myötätuntoiset sydämensä herättävät toivoa paremmasta tulevaisuudesta.

Amma muistaa jotakin, joka tapahtui ulkomaan kiertueella vuosia sitten. 13-vuotias poika ojensi aikana pienen kirjekuoren. Amma kysyi häntä halaten: "Mikä se on?"

Poika vastasi: "300 euroa."

"Mistä sait tämän, poikani?"

"Osallistuin huilunsoittokilpailuun, ja voitin ensimmäisen palkinnon. Nämä ovat palkintorahat. Amma pitää huolta monista orvoista, ja tämä auttaa heitä jollain tavoin."

Ammalla oli kyyneliä silmissään, kun hän kuunteli pojan sanoja ja näki hänen viattoman sydämensä. Amma sanoi: "Poikani, hyvyytesi on täyttänyt Amman sydämen tänään. Kaltaisesi ihmiset ovat Amman todellinen rikkaus."

Mutta tarina ei lopu tähän. Pojan nuorempi sisko tuli kovin murheelliseksi. Myös hän tahtoi tehdä jotakin köyhien hyväksi veljensä tapaan. Kahden viikon päästä lapset tulivat uudestaan Amman luo. Pikkusisko antoi darshanissa Ammalle kirjekuoren. Amma kysyi: "Tyttäreni, mitä tässä kirjekuoressa on?"

Hänen äitinsä vastasi. "Hänellä oli viikko sitten syntymäpäivä. Kun hänen isoisänsä antoi hänelle kymmenen euroa, hän tahtoi kovasti antaa rahat Ammalle, jotta niillä voidaan ostaa orvoille suklaata." Kuunnellessaan Amma halasi ja suuteli tätä kaunista lasta.

Amma kysyi häneltä: "Eikö tyttäreni halua syödä jäätelöä ja suklaata?"

Tyttö pudisti päätään: "Ei."

"Miksi ei?" Amma kysyi.

Tyttö sanoi: "Saan syödä niitä koko ajan. Mutta eikö ole paljon lapsia, joilla ei ole rahaa ostaa niitä? Amman täytyy ottaa nämä rahat ja ostaa heille suklaata."

Hänen veljestään oli tullut roolimalli tälle pienelle tytölle myötätunnon täyttämän tekonsa ansiosta. Tulkoon näistä myötätuntoisista pienistä sydämistä roolimalleja meille jokaiselle.

Muutoksen on alettava yksilöiden sisältä. Kun yksilöt muuttuvat, tapahtuu myös perheissä muutoksia. Silloin yhteiskunta edistyy. Meidän täytyy siis ensin yrittää muuttaa itsemme. Meidän on varmistettava, että tulemme kaikilla teoillamme muille roolimalleiksi.

# Henkiset harjoitukset ja vedinen tiede

## Samadhi

Lapset, helpoin ja tieteellisin menetelmä, joka auttaa mieltä saavuttamaan keskittymisen yhteen kohteeseen, on meditaatio. Meditaation ollessa täysin yhteen kohteeseen suuntautunutta on kyse *samadhista*.

Mieli on ajatusten jatkuvaa virtaa. *Samadhi* on tila, jossa kaikki ajatukset katoavat, kaikki mielihalut ovat poissa, ja mielestä tulee täysin tyyni. Samadhissa mieli sulautuu puhtaaseen tietoisuuteen, joka on mielen perusta — pelkkään puhtaaseen tietoisuuteen. Se kokemus on perimmäinen rauha, perimmäinen autuus.

Parvati-jumalatar kertoi kerran Shiva-jumalalle: "Tunnen olevani yksinäinen, kun vaeltelet maailmassa kerjäämässä almuja. Koska olet jatkuvassa samadhin tilassa, et ehkä tunne murhetta erostamme. Mutta minä en ole sellainen.

En kestä olla sinusta erossa. Niinpä rukoilen sinua opettamaan minulle, mitä samadhi on. Sitten minun ei tarvitse kärsiä niin paljon siitä, että kaipaan sinua."

Shiva pyysi Parvati Deviä istumaan lootus-asentoon, sulkemaan silmänsä ja kääntämään mielensä sisään päin. Devi uppoutui meditaatioon. Shiva kysyi sitten: "Mitä näet nyt?"

Devi vastasi: "Näen hahmosi mieleni silmin."

"Ylitä tuo hahmo. Mitä nyt näet?"

"Jumalallisen loiston."

"Ylitä sekin. Nyt?"

"Nyt kuulen vain ääntä."

"Ylitä se. Mitä koet nyt?"

Vastausta ei tullut. Devin yksilöllisyys oli kadonnut. Hän oli täysin sulautunut Sivaan. Ei ollut enää yksilöä, joka olisi vastannut. Devi oli saavuttanut ikuisen, jakamattoman ykseyden jumalansa kanssa. Hän oli puhtaan rakkauden valtakunnassa, jonne mielillä, sanoilla, ideoilla ja ajatuksilla ei ole pääsyä.

On olemassa erilaisia samadheja. Syvän meditaation aikana voidaan kokea mielen sulautuminen lyhytaikaisesti. Näiden meditaatioiden

aikana koetaan rauhaa ja autuutta. Mutta tämä
tila ei ole pysyvä. Kun meditaatio loppuu,
ajatukset nousevat jälleen esiin. Toisaalta todella
valaistunut mestari kokee jatkuvan samadhin
jopa toimiessaan maailmassa. Tätä kutsutaan
*sahaja samadhiksi*.

Sahaja samadhissa on vain autuutta. Ei
ole surua tai onnea. Ei ole "minää" tai "sinää".
Sellaista on, kun mieli on ikuisessa itseoivalluksen
tilassa. Sahaja samadhi on ajan ja avaruuden
tuolla puolen. Se jatkuu kaikissa olosuhteissa
riippumatta siitä, mitä ollaan tekemässä. Tämä
tila ei muutu edes nukkuessa. Ollaan ainaisesti
puhdas tietoisuus. Muiden näkökulmasta he
ovat edelleen tässä maailmassa, dualismissa.
Todellisuudessa he kuitenkin iloitsevat jatku-
vasti omassa puhtaassa tietoisuudessaan, Itsessä.
Sellaiset yksilöt ovat korkeimman tietoisuuden
ruumiillistumia. Heidän seurassaan myös muut
kokevat autuutta, iloa ja lohtua.

# Jooga verrattuna liikuntaan

Lapset, jooga on tapa herättää sisällämme oleva ääretön voima oikeanlaisella mielen, kehon ja älyn integraatiolla. Sen avulla voimme lopulta oivaltaa täyden potentiaalimme. Jooga auttaa lisäämään myös kärsivällisyyttä, terveyttä, mielen onnea ja arvotietoisuutta. Näemme joogan kasvattavan suosiotaan kaikkialla maailmassa johtuen elämäntyylin aiheuttamien sairauksien ja mielenterveyden ongelmien lisääntymisestä. Jokainen Intian kansalainen voi olla ylpeä tietäessään, että jooga on tiede, joka syntyi ja kehittyi maassamme.

Monet haluavat tietää joogan erityishyödyt verrattuna muihin fyysisiin harjoituksiin. Mikä tahansa liikuntamuoto auttaa palauttamaan fyysisen ja mielen terveyden, mutta joogasta saatava hyöty on paljon suurempi kuin tavallisten harjoitusten. Tavallinen jumppa alentaa kehon rasvatasoja ja lisää lihasvoimaa nopeiden fyysisten liikkeiden välityksellä. Mutta joogan painopiste on enemmän levon suomisessa kehon kaikille osille ja sopivassa elämänenergian uudelleenohjaamisessa. Tämä edesauttaa kaikkien sisäelinten ja rauhasten kunnollista toimintaa ja parantaa sairauksia. Hermot puhdistuvat. Se lisää mielen voimaa ja auttaa meitä saavuttamaan yhteen kohteeseen suuntautuneen keskittymisen. Lihaksista tulee joustavia ja vahvoja. Jooga vähentää enemmän masennusta kuin muut liikuntamuodot ja auttaa vakiinnuttamaan onnellisen mielentilan.

Joogaliikkeet ovat myös erilaisia kuin jumppaliikkeet. Ne tehdään tarkoituksellisesti ja huolellisesti hengitykseen keskittyen ja kehon jokaista liikettä tarkkaillen. Tätä kautta mieli rauhoittuu ja voi lähentyä meditaation kaltaista kokemusta. Näin jooga auttaa yhtäläisesti sekä kehoa että mieltä.

Jotta henkilön voisi parantaa vakavasta sairaudesta, hän tarvitsee lääkkeiden lisäksi myös soveliasta ruokaa ja lepoa. Samoin, jotta jooga olisi ehjää ja täydellistä, sen tulisi olla osa kurinalaista ja arvopohjaista elämäntyyliä. Kun henkilö harjoittaa joogaa täysin tietoisena, hänelle tulee vähitellen mahdolliseksi tehdä kaikki toimensa tietoisesti. Tämä johtaa parempiin ajatuksiin ja tunteisiin. Kun vähitellen saavutamme yhteen

kohteeseen suuntautumisen meditaatiossa
ja muissa toimissa, pystymme oivaltamaan
todellisen Itsemme.

Jooga tukee ykseyden näkemistä moni-
naisuudessa ja väkivallattomuutta kaikkia
olentoja kohtaan. Siten joogan suosio voi edistää
maailmanrauhaa ja rakkauden ja ystävyyden
kasvua yhteiskunnassa.

## Astrologia ja usko Jumalaan

Lapset, monet ihmiset tulevat riippuvaisiksi astrologiasta, koska he ovat huolestuneita ja peloissaan tulevaisuudesta. Ei ole pulaa ihmisistä, jotka hätääntyvät ja murehtivat sellaisia aiheita kuin avioliitto, yritystoiminta, työpaikka, ylennykset, ja niin edelleen. Suotuisat ja epäsuotuisat tilanteet, joita kohtaamme tässä elämässä, johtuvat enimmäkseen edellisissä elämissä tehdyistä teoista. Vaikka astrologia voi antaa meille vihjeitä kohtalostamme ja suositella erilaisia keinoja negatiivisien kokemustemme lievittämiseen, se ei voi estää niitä kokonaan. Siksi on tärkeää, että muokkaamme mielemme sellaiseksi, että se kykenee kestämään ongelmat tyynesti.

Mahatma antoi kerran kuninkaalle kaksi patsasta ja sanoi: "Ole hyvin varovainen näiden patsaiden kanssa. Jos ne menevät rikki, kuningaskuntaa kohtaavat monet onnettomuudet. Voi tulla sotaa, nälänhätää tai tulvia." Kuningas uskoi patsaat palvelijan huomaan, joka säilytti niitä erityisessä paikassa hyvin huolellisesti.

Eräänä päivänä yksi patsaista sattui menemään rikki. Palvelija kertoi tästä heti kuninkaalle, joka raivostui ja vangitsi hänet.

Muutaman päivän päästä naapurivalta-kunnan kuningas hyökkäsi maahan valtavalla armeijalla. Kuningas syytti palvelijaa ja määräsi hänet hirtettäväksi. Kun palvelijalta kysyttiin, onko hänellä viimeistä toivomusta, hän vastasi: "Minun tulisi saada rikkoa toinen patsas, ennen kuin kuolen."

Kun kuningas kuuli tämän, hän kysyi: "Miksi niin sanot?"

Palvelija sanoi: "Teloitutat minut ensimmäisen patsaan rikkoutumisen takia. Kenenkään toisen viattoman ihmisen ei tulisi joutua kuolemaan toisen patsaan takia. Mahatma, joka patsaat antoi, sanoi, että jos patsaat menevät rikki, tapahtuu pahoja asioita. Hän ei sanonut, että pahoja asioita tapahtuu siksi, että patsaat menivät rikki. Patsaan rikkoutuminen vain kertoi, että sota oli alkamassa. Sinun olisi pitänyt alkaa valmistautua viholliskuninkaan armeijan kohtaamiseen heti, kun sait asiasta vihjeen."

Kun kuningas kuuli tämän, hän oivalsi virheensä ja vapautti palvelijan.

Astrologia ja enteet ainoastaan viittaavat vaikeuksiin tai hyvään onneen, jotka voivat tulla osaksi elämäämme. Ei ole mielekästä syyttää planeettoja tai Jumalaa vaikeuksistamme ja ongelmistamme. Meidän pitäisi pysytellä valppaina ja varmistaa, että kaikki nykyiset tekomme ovat hyviä. Jos teemme niin, myös tulevaisuutemme on täynnä hyvää.

Jopa ateisteilla ja skeptikoilla on valtava usko astrologeihin ja ennustajiin! Hyvä intuitiivinen astrologi saattaa pystyä kertomaan menneisyytesi ja tekemään melko tarkkoja ennusteita tulevaisuudestasi. Merkittävämpää kuin astrologin oppineisuus on hänen kykynsä virittää mielensä korkeampiin todellisuuksiin. Hänen ennusteidensa tarkkuus johtuu pohjimmiltaan jumalallisesta armosta, johon hän kytkeytyy.

Samalla tavoin, viime kädessä vain Jumalan armo voi muuttaa tilanteen tai kokemuksen, jonka läpikäyminen on karmallinen kohtalomme. On tärkeää muistaa myös, että mitään karmallista tilannetta ei voida väistää kokonaan. Siitä

huolimatta rukouksillamme, meditaatiollamme
ja henkisillä harjoituksillamme on varmasti
myönteinen vaikutus.

Monet ajattelevat, että pappien palkkaaminen
suorittamaan *pujia* ja *homia* auttaa. Vaikka
sellaiset rituaalit ovat hyvin voimallisia, niin
tärkeämpää on vilpitön ja omistautunut pyrkimys,
jolla suoritamme henkiset ja uskonnolliset
harjoitteemme.

Astrologia on osa vedistä kulttuuria. Se on
tiede — puhdas ja hienovivahteinen matemaattinen
laskentasysteemi, joka pohjautuu aurinkokunnan,
luonnon ja ihmismielen keskinäisten liikkeiden
suhteisiin. Kuten kaikki muutkin muinaiset
kirjoitukset, myös astrologinen tieto paljastui
rishien sydämissä heidän ollessaan syvässä medi-
taatiossa — tilassa, jossa heidän mielensä oli yhtä
maailmankaikkeuden ja sen turmeltumattomien
ja ehdollistumattomien värähtelyiden kanssa.
Ymmärtäkäämme siis, että luottamuksemme ei
pitäisi olla astrologissa tai hänen ennustuksissaan,
vaan tätä maailmankaikkeutta lopullisesti
hallitsevassa voimassa, Jumalassa. Vähä-älyiset ja
arvostelukyvyttömät teot, joita olemme tehneet

menneisyydessä, pitäisi tasapainottaa älykkäillä ja arvostelukykyisillä teoilla nykyisyydessä. Jos teemme niin, tulevaisuudesta tulee ystävämme. Tilanteiden muuttamisen sijasta on paljon hyödyllisempää yrittää muuttaa oma näkemyksemme. Epäsuotuisat olosuhteet ja vaikeudet ovat usein väistämättömiä. Meidän pitäisi yrittää parhaamme pysyäksemme oikealla polulla, toimiaksemme ja ajatellaksemme dharmisella tavalla. Jos kohtaamme negatiivisia kokemuksia senkin jälkeen, kun olemme yrittäneet vilpittömästi välttää joutumasta niihin, meidän tulisi asennoitua niihin hyväksyvästi Jumalan tahtona. Vasta silloin saapuu elämäämme levollisuus ja rauha.

# Arvot

## Välttäkää ennakkoluuloja

Lapset, näemme jotkut ihmiset "hyvinä" ja toiset leimaamme "huonoiksi". Sitten jonkun ajan päästä muutamme mieltämme. Mielipiteemme ja näkökulmamme ovat tällä tavoin jatkuvassa muutoksessa. Miksi? Pääasiassa siksi, että meiltä puuttuu asianmukainen tieto. Meillä on tapana arvostella kaikkea ennakkoluulojemme kautta.

Kun katselemme jotakin ennakkoluulojen linssin läpi, emme ymmärrä kohdetta oikein. Meidän tulisi tarkastella kaikkea oikeassa ympäristössään ja oppia katsomaan asioita avoimin mielin. Vasta silloin voimme ymmärtää tilanteen todellisuuden.

Tämä maailma ja sen esineet ja yksilöt käyvät läpi jatkuvaa muutosta. Henkilö, jonka näimme eilen, on erilainen kuin henkilö, jonka näemme tänään. Räätäli ottaa jopa vakioasiakkailta aina uudet mitat. Hän ei koskaan ajattele: "Otin tältä asiakkaalta mitat hänen käydessään täällä edellisen kerran. Sitä ei tarvitse tehdä uudestaan." Hän tietää, että asiakkaan ruumiin ulottuvuudet ovat muutoksen alaisia, kuten hänen mieltymyksensä ja vastenmielisyytensäkin. Meillä pitäisi olla tällainen samanlainen asenne, kun olemme kanssakäymisissä muiden kanssa. Henkilön käyttäytyminen ja asenne meitä kohtaan voi muuttua minä hetkenä tahansa. Vihollisesta tänään voi hyvin tulla ystävä huomenna. Ystävästä tänään voi myös tulla vihollinen huomenna. Meidän pitäisi aina nähdä toiset avoimella mielellä, ilman ennakkoluuloja.

Jotkut ihmiset ajattelevat, että ennakkoluulojen pohjalta toimiminen voi ennaltaehkäistä vaikeuksia tulevaisuudessa. Todellisuudessa tarvitaan kuitenkin tarkkaavaisuutta, ei ennakkoluuloja. Ennakkoluulot ovat negatiivisia, tarkkaavaisuus on positiivista. Kun toimimme ennakkoluuloisesti, menetämme tilaisuuden oppia uusia asioita. Mutta tarkkaavainen työskentely tuo esille monia uusia ideoita ja näkökulmia.

Mies kadotti kerran lompakkonsa, jossa oli paljon rahaa. Hän oli nähnyt sen oikealla paikallaan huoneessa vasta vähän aikaa sitten.

Mies, hänen vaimonsa ja lapsensa etsivät koko talon läpikotaisin, mutta eivät löytäneet lompakkoa. Silloin perheen seitsemänvuotias poika huudahti yhtäkkiä: "Naapurin poika oli täällä vähän aikaa sitten." Koko perhe tuli äkkiä epäluuloiseksi naapurin poikaa kohtaan, jota he olivat aikaisemmin ajatelleet vain rakkaudella. "Oletko huomannut hänen viekkaan katseensa?" he kyselivät toisiltaan. "Ei epäilystäkään, etteikö hän vienyt sitä." Nyt heidän mielestään poika näytti varkaalta, käveli kuin varas ja käyttäytyi kuin varas. He alkoivat halveksimaan myös pojan muita perheenjäseniä. Vähitellen he menettivät mielenrauhansa.

Noin viikkoa myöhemmin vaimo suoritti talossa suursiivousta, ja hän löysi kadonneen lompakon sohvatyynyn alta. Hänen asenteensa naapurin poikaa kohtaan muuttui heti. Poika oli jälleen se suloinen, viaton poika menneisyydestä. Kun tarkastelemme mitä tahansa ennakkoluuloisesti, mielemme tuomitsee ennenaikaisesti. Sen jälkeen kaikki nähdään tuon tuomion valossa. Kuitenkin olemme usein väärässä. Siksi meidän pitäisi tarkastella tilannetta huolellisesti ja oikeanlaisella arvostelukyvyllä, ennen kuin vedämme johtopäätöksiä. Tämä on oikea tie.

Ennakkoluuloja syntyy tosiasiassa usein silloin, kun heijastamme toisiin ihmisiin omia mieltymyksiämme ja vastenmielisyyksiämme. Tämä ei edistä totuuden näkemistä vaan pikemminkin sokaisee meidät. Ennakkoluulot pakottavat meidät katsomaan maailmaa niiden sävyttämän linssin läpi. Alamme ajatella maailmaa "sinisenä", "mustana" tai "vihreänä" suodattimen värin mukaisesti. Näin todellinen syvä ymmärrys maailman luonteesta tulee mahdottomaksi. Meidän pitäisi ymmärtää ja arvioida maailmaa, olosuhteitamme, kokemuksiamme ja itseämme huolellisesti, kypsästi ja tarkkaavaisesti eikä ennakkoluuloisesti. Tämä voidaan saavuttaa vain henkisyyden kautta.

# Herättäkää tietoisuus

Lapset, nykyään meillä on tietoa mutta ei tietoisuutta. Meillä on älyä mutta ei erottelukykyä. Ajatustemme, sanojemme ja tekojemme tulisi kummuta oikeasta tiedosta ja selkeästä tietoisuudesta – muuten emme saavuta tavoitteita, joihin pyrimme. Jos kaksi hevosta vetää vaunua eri suuntiin, emme pääse mihinkään, mutta jos hevoset vetävät vaunua samaan suuntaan, pääsemme perille hyvin nopeasti. Samoin elämässä: etenemme nopeasti vain jos ajatuksemme, sanamme ja tekomme ovat yhdensuuntaisia.

Niin pitkään kuin tietoisuutemme ei ole herännyt, emme pysty hyödyntämään kunnolla edes tiellemme tulevia onnekkaita olosuhteita. Toimimme ajattelematta, ja lopputuloksena on katastrofi.

Liikemies osti kerran tehtaan, joka oli vararikon partaalla ja toiminnan loppumisen uhan alla. Jotta tehdas voisi menestyä, oli tarpeen hankkiutua eroon kaikista laiskoista ja varastelevista työntekijöistä ja korvata heidät osaavilla, vilpittömillä ja rehellisillä työntekijöillä. Hän aikoi pitää tarkasti silmällä jokaista tehtaan työntekijää. Ensi vierailullaan hän näki erään miehen nojailevan seinään ja nukkuvan. Hänen vieressään oli ryhmä miehiä, jotka tekivät työtään. Liikemies päätti antaa jokaiselle oppitunnin. Hän herätti nukkuvan miehen ja kysyi: "Mikä on kuukausipalkkasi?"

Mies avasi silmänsä ja vastasi hämmentyneen näköisenä: "Kuusituhatta rupiaa."

Tehtaan omistaja avasi heti lompakkonsa ja ojensi sieltä rahaa miehelle sanoen: "Yleensä työntekijälle annetaan kahden kuukauden palkka, kun hänet erotetaan työstään. Mutta minä annan sinulle neljän kuukauden palkan. Tässä on 24 000 rupiaa. En halua nähdä sinua tästä lähtien lähimaillakaan."

Kun mies oli lähtenyt, liikemies kysyi muilta työntekijöiltä: "Millä osastolla hän työskenteli?"

Eräs heistä vastasi: "Hän ei työskennellyt täällä. Hän toi eräälle työntekijälle lounaan ja odotteli voidakseen viedä pakkaukset pois."

Tässä tarinassa omistaja oli hyvin älykäs, mutta hänen toiminnastaan puuttui tietoisuus. Sen vuoksi hänestä tuli pilkan kohde.

Jotta yksikin teko tulisi tehdyksi täydellisen tietoisesti, tarvitaan viittä tekijää. Ensimmäinen on tieto omasta työstä. Toinen on kyky erottaa toisistaan oikea ja väärä ja nähdä kaikki mahdolliset toiminnan seuraukset. Kolmas on tyyni ja rauhallinen mieli. Neljäs on täydellinen keskittyminen. Ja viides on tarvittava kiinnittymättömyys itsensä poistamiseksi, vierestä seuraamiseksi, ja itsensä ja tekojensa tarkastelemiseksi objektiivisella tavalla. Kun meillä on nämä kaikki viisi tekijää, pystymme tekemään mitä tahansa työtä parhaiden kykyjemme mukaan. Pyrkikäämme siihen.

## Pahat tavat

Lapset, eräs vaarallisimpia asioita, joita meille voi tapahtua, on joutuminen pahojen tapojen valtaan. Kun niin pääsee tapahtumaan, on niistä vapaaksi pääseminen hyvin vaikeaa. Siksi meidän on pysyteltävä aina valppaina.

Kun alamme toistuvasti ajatella ja toimia negatiivisesti, siitä tulee tapa. Tietämättämme nämä tavat hotkaisevat elämämme.

Mies meni kerran silmälääkäriin silmien ärsytyksen takia. Tutkittuaan hänet lääkäri sanoi: "Ei mitään syytä huoleen. Huuhtele vain silmäsi konjakilla kaksi kertaa päivässä. Epämukava tunne poistuu viikon sisällä." Potilas palasi seuraavalla viikolla vastaanotolle. Lääkäri tutki hänet ja sanoi: "Edistystä ei ole tapahtunut yhtään! Mitä tapahtui? Etkä noudattanutkaan ohjeitani?" Potilas sanoi: "Yritin kyllä, mutta käteni eivät pystyneet mitenkään ohittamaan suutani."

Kun tavoista tulee luontomme, meistä tulee niiden orjia. Tavoilla on meihin niin suuri vaikutusvalta.

Nykyisellään olemme eräänlaisessa unitilassa. Siksi meillä ei ole tietoisuutta sanoistamme ja teoistamme. Pelkkä tieto ei riitä; myös tietoisuutemme täytyy olla hereillä. Vasta silloin saamme täyden hyödyn tiedostamme. Jokainen, joka tupakoi, tietää, että tupakointi on vahingollista terveydelle, mutta tupakoi silti. Vasta kun he saavat syöpädiagnoosin, heissä herää tietoisuus siitä, kuinka paha tapa tupakointi on. Sen jälkeen he eivät enää koske savukkeisiin, vaikka heidän tekisi mieli polttaa.

Monet, joilla on pahoja tapoja, sanovat minulle: "Tämä tapa on muodostunut vuosien saatossa. Sitä on hyvin vaikeaa lopettaa noin vain. Yritän siis lopettaa vähä vähältä." Syynä tähän on se, että he eivät ole ymmärtäneet, kuinka vaarallinen heidän tapansa on heidän keholleen ja mielenterveydelleen. Kuvitelkaa taloa, joka on syttynyt tuleen omistajan nukkuessa. Hän herää ja näkee kaikkialla ympärillään liekkejä. Hänen ainoana ajatuksen on paeta. Hän ei jää heräilemään omaan verkkaiseen tahtiinsa. Samoin me lopetamme pahat tavat heti, kun todella ymmärrämme, että ne vahingoittavat meitä.

Vapautuaksemme pahoista tavoistamme tarvitsemme ensimmäiseksi päättäväisyyttä. Toiseksi meidän on vältettävä tilanteita, joissa altistumme kiusauksille. On tärkeää pysytellä erossa ystävistä, jotka johtavat meidät väärille teille. Älä epäröi hakea tarvittaessa apua lääkäriltä tai neuvonantajalta. Jos sinulla on valppautta ja yrität jatkuvasti, voit voittaa minkä tahansa huonon tavan.

# Antaumus on päämäärä itsessään

Lapset, on yleinen uskomus, että Jumala syntyy ihmiseksi suojellakseen ja säilyttääkseen dharman sekä tuhotakseen adharman. Mutta sen lisäksi on vielä toinen syy Jumalan inkarnaatiolle. Se on rakkauden herättäminen Jumalaa kohtaan ihmisten sydämissä. Siksi monet tietäjät sanovat, että elämän neljän päämäärän — oikeamielisyyden, taloudellisen turvallisuuden, mielitekojen ja vapautuksen — lisäksi on vielä viideskin päämäärä: antaumus.

Todellinen Jumalan oppilas ei edes kaipaa vapautusta. Hänellä on vain yksi päämäärä: "Kunpa aina muistaisin Jumalaa ja palvelisin häntä." Hän ei kaipaa mitään muuta. Todellisen oppilaan mukaan antaumus on päämäärä itsessään. Antaumuksessa antaumuksen vuoksi yksilö lakkaa olemasta. Sitä myötä antautumisesta tulee täydellinen. Silloinkin hänen sydämessään säilyy halu nauttia Jumalan rakastamisesta.

Nauttimalla jatkuvasti antaumuksen autuudesta hänestä tulee myös autuuden ruumiillistuma.

Uddhava sanoi kerran Krishnalle: "Olen kuullut, että kaikkien oppilaiden joukosta rakastat eniten *gopikoita*. Monet muut oppilaat alkavat kyynelehtiä sillä hetkellä, kun he kuulevat nimesi. He menevät *samadhiin*, kun he kuulevat jumalallisen huilusi äänen. Kun he näkevät jumalallisen kehosi sinisen värin vaikka vain etäältäkin, he eivät voi sille mitään, että pyörtyvät. Mikä on sitten niin suurta gopikoiden antaumuksessa?"

Kuullessaan tämän Krishna hymyili ja sanoi: "Kaikki oppilaani ovat minulle rakkaita. Mutta gopikoissa on jotakin aivan erityistä ja ainutlaatuista. Muut oppilaat vuodattavat kyyneleitä kuullessaan nimeni, mutta gopikat kuulevat jokaisen nimen minun nimenäni. Heille jokainen ääni on Krishnan jumalallisen huilun ääni. Kaikki värit ovat heidän silmissään sinistä. Gopikat pystyvät näkemään ykseyden moninaisuudessa. Siksi heistä on tullut minulle rakkaimpia."

Vaimo, joka rakastaa miestään kuin omaa elämäänsä, ajattelee häntä tarttuessaan kynään kirjoittaakseen hänelle. Hänen mielensä kylpee muistoissa ainoastaan miehestään, kun hän täyttää kynän musteella ja ottaa kirjoituspaperin esille. Samalla tavoin todellisen oppilaan mieli on jatkuvasti Jumalassa, kun hän valmistautuu jumalanpalvelukseen ja valmistaa astiat, suitsukeet, kamferin ja kukat. Tuona korkeimpana, ylevänä antaumuksen hetkenä hän näkee Luojan kaikessa luodussa. Vain tästä syystä gopikat eivät pystyneet näkemään mitään minään muuna kuin Herranaan.

Täyttyköön sydämemme antaumuksella, hurmoksella ja autuudella muistellessamme Krishnaa ja gopikoita, jotka tanssivat autuaasti Vrindavanissa ja unohtivat hurmoksessaan kaiken muun.

## Toiminta ja ajatus

Lapset, maailmassa on kahdenlaisia ihmisiä — sellaisia, jotka toimivat ajattelematta, ja sellaisia, jotka ajattelevat toimimatta. Ensimmäinen ryhmä joutuu moniin vaikeuksiin toimimalla ajattelematta — tai ainakin ajattelematta oikein. He epäonnistuvat toisten auttamisessa, ja lisäksi he usein myös vahingoittavat ihmisiä. Toinen ryhmä ajattelee erottelukykyisesti ja ymmärtää, mikä on oikein ja mikä väärin. He eivät kuitenkaan toimi vastaavalla tavalla. He saattavat korkeintaan neuvoa muita. Tämä on kuin sairas henkilö pyytäisi toista ihmistä ottamaan lääkkeet hänen itsensä puolesta. Usein suunnittelemme monia hyveellisiä toimia, joihin aiomme ryhtyä, mutta sitten luomme joukon tekosyitä, joilla peruutamme suunnitelmamme.

Olipa kerran muinainen temppeli. Sinne kokoontui monia oppilaita joka viikko meditoimaan ja rukoilemaan. Apina, joka katseli tätä, ajatteli itsekseen: "He kaikki saavat Jumalan armon kieltäymyksellään ja rukouksillaan. Enkö myös minä voisi vähän paastota ja meditoida?"

Seuraavana rukouspäivänä tämä apina istui puun alle ja alkoi meditoida. Hänen mieleensä tuli välittömästi ajatus: "En ole milloinkaan ennen paastonnut tällä tavoin. Kun paastopäivä on ohitse, saatan olla liian väsynyt jopa kävelemään. Voin kuolla! Jos istuudun hedelmäpuun alle, minun ei tarvitse lähteä kauas etsimään ruokaa paaston jälkeen."

Tällä tavoin ajatellen apina nousi ja istuutui hedelmäpuun alle. Sitten hän ryhtyi meditoimaan. Jonkin ajan kuluttua hän alkoi ajatella: "Mitä jos minulla ei ole energiaa kiivetä puuhun hakemaan hedelmää niin pitkän paaston jälkeen?" Niinpä hän kiipesi puun oksalle, jossa oli paljon hedelmiä, ja istuutui meditoimaan siellä. Sitten hän ajatteli: "Entäpä jos käteni ovat paaston jälkeen liian heikot poimimaan hedelmiä?" Niinpä hän otti syliinsä paljon hedelmiä ja ryhtyi jälleen meditoimaan. Jonkin ajan kuluttua hänelle tuli nälkä. Apina ajatteli: "En ole pitkään aikaan syönyt sellaista isoa ja maukasta hedelmää, jollainen tässä on. Voin aina paastota joskus muulloin!" Heti kun tämä ajatus tuli apinan mieleen, hedelmä oli jo hänen suussaan.

Monet meistä ovat kuin tarinan apina. Mielemme etsii jatkuvasti tekosyitä välttääkseen tekemästä sitä, mitä pitäisi tehdä. Tiedon ohella meillä on oltava päättäväisyyttä ja päämäärään suuntautunutta keskittyneisyyttä. Ne, joilla on tahdonvoimaa ja tekevät töitä päästäkseen kaikkiin päämääriinsä, onnistuvat varmasti.

# Älä joudu vihan orjaksi

Lapset, viha on heikkous, joka orjuuttaa. Kun suutumme, menetämme sekä itsehillintämme että arvostelukykymme. Emme tiedosta enää lainkaan itseämme, sanomisiamme ja tekemisiämme.

Mielestämme on tullut kuin sätkynukke toisten käsissä. He tietävät täsmälleen, miten painella nappuloitamme. Jos he ylistävät meitä, tulemme onnelliseksi. Jos he kritisoivat meitä, me kiihdymme. Toisten sanat määräävät tällä tavoin elämäämme. Lisäksi, kun alamme hyppiä vihasta tasajalkaa ja luomme lähellämme oleville ihmisille helvetin, tapahtumasta tulee todellista viihdettä sivustaseuraajille!

Tästä tulee mieleeni tarina: Mies meni parturiliikkeeseen. Parturi alkoi leikkaamaan miehen hiuksia, ja sanoi kohta: "Tapasin eilen anoppisi. Tiedätkö, mitä hän sanoi? Hänen mukaansa olet kätkenyt melkoisen suuren summan pimeää rahaa."

Kun mies kuuli tämän, hänen kasvonsa muuttuivat punaisiksi raivosta. "Niinkö hän

sanoi? Hän itse ei ole tavallista varasta kum-
mempi! Tiedätkö, kuinka monelta ihmiseltä
hän on lainannut rahaa maksamatta milloinkaan
paisaakaan takaisin? Minä joudun maksamaan
kaikki hänen velkansa!" Mies ei lopettanut siihen.
Hän jatkoi anoppinsa mustamaalaamista koko
hiusten leikkuun ajan.

Noin kuukauden kuluttua mies meni jälleen
leikkauttamaan hiuksensa. Parturi istutti hänet
tuoliin, otti esiin saksensa ja alkoi heti puhua
miehen anopista. "Törmäsin anoppiisi tässä
eräänä päivänä. Hän kertoi minulle, ettet anna
hänelle yhtään rahaa talouskustannuksiin."

Mies raivostui. Hän alkoi huutamaan: "Kuka
se naispaholainen on sanomaan mitään sellaista!
Minähän se kustannan hänelle kaiken — hänen
vaatteensa, ruokansa, kaiken!" Päästyään näin
vauhtiin hän jatkoi tauotta anoppinsa vastaista
palopuhetta, kunnes hiukset oli leikattu.

Kun hän meni kolmannen kerran leikkaut-
tamaan hiuksensa, parturi otti jälleen hänen
anoppinsa esiin. Tällä kertaa mies pysäytti hänet
ja kysyi: "Miksi aina mainitset anoppini? En
halua kuulla hänestä enempää."

Parturi vastasi: "Näethän, anoppisi mainitseminen saa sinut suuttumaan niin, että hiuksesi nousevat pystyyn. Silloin ne on hyvin helppo leikata."

Kun suutumme, suuttumuksesta tulee mestarimme ja meistä tulee sen orjia. Mutta pystymme muuttamaan tämän oikealla ymmärryksellä ja itsekontrollilla. Kun ymmärrämme, että suuttumuksemme on heikkous, voimme alkaa yrittää hallita sitä.

Todellisuudessa jokainen ihminen ja olosuhde on peili, joka heijastaa heikkouksiamme ja negatiivisuuttamme. Aivan kuten pesemme kasvomme nähtyämme ne likaisina peilissä, meidän tulisi hyödyntää kaikkia erilaisia elämässä kohtaamiamme tilanteita heikkouksiemme ja negatiivisuuksiemme lian pois pesemiseen.

Jos saavutamme henkistä ymmärrystä, meidän on paljon helpompaa hallita tunteitamme ja ajatuksiamme. Jos joku suuttuu meihin, meidän pitäisi muistaa, että suuttumus on vamma, mielen vamma. Tämä auttaa meitä antamaan kyseiselle ihmiselle anteeksi. Voimme myös mietiskellä: "Mitä järkeä on suuttua takaisin? Eikö olekin viisaampaa sen sijaan yrittää voittaa tämä oma egoni, joka on kaiken kokemani kivun todellinen lähde?" Jos pystymme pohtimaan asioita tällä tavoin, voimme pitää mielemme tyynenä ja pysyä aina maltillisena.

# Innokkuus on menestyksen salaisuus

Lapset, tahdommepa menestyä millä alueella tahansa, tarvitsemme väsymätöntä intoa. Riippumatta siitä, mitä esteitä kohtaamme, meidän on jatkettava sinnikkäästi. Meidän on yritettävä jatkuvalla innolla ja itseluottamuksella. Joka on aina innokas, onnistuu aina.

Taapero kaatuu maahan monet kerrat, mutta hän nousee aina äkkiä ylös ja yrittää uudestaan kävellä. Hän nousee aina ylös riippumatta siitä, kuinka monta kertaa hän kompuroi ja kaatuu. Vaikka hän saisi mustelmia tai loukkaantuisi, hän jatkaa yrittämistä. Väsymättömän yrittämisensä, innokkuutensa ja kärsivällisyytensä ansiosta hän oppii kävelemään. Kun kohtaamme vastoinkäymisiä, meidän pitäisi sinnitellä kuin tämä lapsi tuntematta itseämme nujerretuksi.

Lauma vuohia näki kerran suuren viinirypäleviljelmän, joka oli korkealla vuoren huipulla. Kaikki kilit innostuivat valtavasti. He halusivat vain rynnätä nopeasti ylös huipulle syömään rypäleitä, ja alkoivat kiivetä ylös rinnettä niin nopeasti kuin pystyivät. Vanhemmat vuohet sanoivat tämän nähdessään: "Hei, mitä te oikein teette? Rypäleviljelmä on kovin korkealla! Ette te pääse sinne." Kun kilit kuulivat nämä sanat, he alkoivat menettää innostustaan. Pian he väsyivät, ja alkoivat yksi kerrallaan palata takaisin alas. Lopulta jäljellä oli enää vain yksi kili, joka jatkoi matkaansa. Kaikki vuohet ja kilit alhaalla tekivät parhaansa saadakseen tämän yhden palaamaan, mutta he eivät onnistuneet sammuttamaan hänen intoaan. Lopulta hän pääsi vuoren huipulle ja söi rypäleitä sydämensä kyllyydestä. Kun hän tuli takaisin alas, kaikki hänen ystävänsä taputtivat ja vastaanottivat hänet suurin juhlallisuuksin. Seurattuaan tätä kaikkea eräs vuohi kysyi: "Ihmeellistä! Miten pystyit nousemaan sinne, kun kukaan muu ei siihen pystynyt?" Kili ei vastannut. Sitten hänen äitinsä sanoi: "Lapseni on kuuro."

Kilin kuuroudesta tuli tosiasiassa siunaus. Hän säilytti intonsa kaiken tuon kritiikin keskellä.

Meissä kaikissa on tämä voima. Valitettavasti useimmat meistä nujertuvat negatiivisuuden edessä eivätkä milloinkaan tunnista tätä ihmeellistä sisäistä vahvuutta. Meidän pitäisi olla valppaita ja varmistaa, että keskitymme aina elämämme päämäärään. Jos olemme tietoisia päämäärästämme ja yritämme jatkuvasti, yllämme suorituksiin, jotka näyttävät mahdottomilta.

## Menneisyydessä tehtyjen virheiden syyllisyydestä paraneminen

Lapset, monet ihmiset tässä maailmassa vaeltavat potien syyllisyyttä kaikista virheistä, jotka he ovat tehneet joko tiedostaen tai tiedostamattaan. Monet heistä joutuvat masennuksen ja muiden mielen ongelmien valtaan. Jotkut heistä tekevät jopa itsemurhan. Monet, jotka käyvät temppeleissä ja tekevät pyhiinvaellusmatkoja, hakevat anteeksiantoa vääristä teoistaan. Mutta hyvin harvat saavat todellisen rauhan syyllisyydeltä, joka kalvaa heidän mieltään.

Tehtyjen virheiden takia katumuksessa ja surussa rypemistä voidaan verrata kuolleen ruumiin halaamiseen ja sen tähden itkemiseen. Teemmepä mitä hyvänsä, ruumis ei herää eloon. Emme myöskään voi milloinkaan palata takaisin menneisyyteen korjaamaan virheitämme, vaikka kuinka kovasti yrittäisimme. Aika kulkee vain eteenpäin.

Kun lapset saavat pienen haavan, he yleensä raapivat sitä useaan otteeseen pahentaen sen tilaa. Lopulta he eivät enää kestä kipua. Samanlaista on toistella itselleen: "Tein nämä virheet. Olen syntinen." Se muuttaa pienen haavan vakavaksi sairaudeksi. Sillä tavoin ei voi koskaan saavuttaa mielenrauhaa.

Meidän pitää ajatella käytännöllisesti kaikissa tilanteissa. Jos satumme kaatumaan, emme saa jäädä maahan itkemään. Yksinkertaisesti nouse ylös ja jatka kävelyä. Astu jokainen askel tarkkaavaisesti. Älä menetä toivoasi.

Toimittaja kysyi tunnetulta kartanonherralta: "Mikä on menestyksesi salaisuus?"

Tämä vastasi: "Oikeat päätökset."

Toimittaja kysyi: "Miten pystyit tekemään oikeita päätöksiä?"

"Kokemuksesta."

"Miten hankit kokemusta?"

"Tekemällä vääriä päätöksiä."

Käytännön kokemus, jota tilallinen sai väärien päätösten tekemisestä, auttoi häntä tekemään oikeita päätöksiä. Kun hän sitten teki oikeita päätöksiä, hän menestyi. Tämän tilallisen tarina opettaa meille, että jopa vääristä päätöksistä tulee portaita menestykseen.

Tämä nykyhetki on ainoa omaisuutemme. Voimme kumota virheemme ja seurata hyvyyden polkua vain nykyhetkessä. Kun tulemme surulliseksi ajattelemalla menneitä, hukkaamme korvaamattoman arvokkaan nykyhetken.

Kaikkein tärkeintä on se, miten hyvin käytämme nykyhetken. Tämä sanelee elämämme suunnan. Tee siis vankka lupaus olla toistamatta virheitäsi. Jos mahdollista, tee tarvittavat toimenpiteet, joiden avulla menneet virheet voidaan kumota tai hyvittää. Jatka sitten eteenpäin keskittyen päämäärääsi. Tämä on se, mitä tarvitaan.

# Kiireessämme kadotamme kauneuden

Lapset, elämme aikaa, jolloin emme pysty antamaan aikaa muille tai itsellemme. Syynä tähän on se, että mielessämme pyörii jatkuvasti satoja ajatuksia — ajatuksia asioista, jotka tapahtuivat menneisyydessä; asioista, jotka voivat tapahtua tulevaisuudessa; ja asioista, joita meidän täytyy saada tehdyksi. Tämän vuoksi olemme kykenemättömiä ymmärtämään sitä, mitä nykyhetkessä on tehtävä; emme pysty toimimaan niin, että syntyy hyviä tuloksia. Sen seurauksena meillä ei ole rauhaa ja menetämme tämän maailman kauneuden.

Isoisä kävi säännöllisesti kävelyillä lapsen-lapsensa kanssa läheisessä kukkatarhassa. Eräänä päivänä poika tunsi kävellessään kuivien lehtien alla jotakin kovaa. Hän kumartui katsomaan, mitä siinä oli, ja näki kolikon. "Jonkun on täytynyt pudottaa tämä kävellessään", hän sanoi ja laittoi iloisena kolikon taskuunsa. Siitä lähtien poika tutkaili aina, olisiko kuivien lehtien alla

173

kolikoita. Aina silloin tällöin niitä löytyi yksi tai kaksi kappaletta, ja poika laittoi ne taskuunsa. Hän ei kertonut tästä isoisälleen. Kun he pääsivät kotiin, poika laittoi kolikot säästölippaaseen. Tästä tuli tapa. Noin viiden vuoden kuluttua poika näytti lippaan isoisälleen ja sanoi: "Katso kaikkia näitä kolikoita, jotka olen kerännyt kävelyillämme! Tässä on yli sata rupiaa!"

Pojan isoisä hymyili ja sanoi: "Poika, olet ollut onnekas löytäessäsi niin monta kolikkoa. Mutta ajattele, mitä kaikkea olet menettänyt etsiessäsi kolikoita. Et milloinkaan nähnyt kauniita puita, kun ne huojuivat tuulessa. Et milloinkaan kuullut, kun linnut lauloivat kaunista lauluaan. Niin monta auringon nousua ja laskua on mennyt sinulta ohitse huomaamatta. Niin monen kukan kukinta, niin moni sateenkaari! Menetit purojen solinan ja lampien kauneuden. Poika, sellaiset asiat ovat korvaamattoman arvokkaita."

Eikö elämämme olekin liian usein juuri näin? Ihmiset vievät perheensä rannalle katsomaan auringonlaskua. Sitten he kuitenkin tarkistelevat sähköpostiaan ja tekstiviestejään. Keskellä kaikkea kauneutta he eivät nauti siitä. Vietämme hyvin paljon aikaa Facebookissa, mutta emme näe vierellämme olevien ihmisten kasvoja.

Lapset, näin ei pitäisi olla. Teknologia sopii kyllä. Voimme päästä sen avulla lähemmäs ihmisiä, jotka ovat kaukana, mutta se ei saisi viedä meitä pois niiden luota, jotka ovat lähellämme. Vaimo on usein selvästi hyvin surullinen, mutta aviomies ei koskaan edes huomaa sitä. Isien, jotka tekevät työtä yötä päivää, pitäisi antaa aikaansa perheen kertomusten kuuntelemiseen. Mikä vahinko onkaan, jos meillä on kaunis puutarha, mutta aina kun istuudumme sinne, puhumme vain puhelimessa emmekä milloinkaan nauti sen kauneudesta.

Mielen levottomuus pystyy helposti peittämään tämän maailman kauneuden näkyvistä. Silloin elämästä tulee kuin kaunis kukka, joka on mudan peitossa. Vain jos ajatukset ilmaantuvat oikealla tavalla oikeaan aikaan, voimme suorittaa tehtävämme rauhallisesti ja elää nykyhetkessä. Vasta silloin voimme nauttia kauneudesta, joka on sekä meidän itsemme että maailman todellinen luonto.

## Opi antamaan takaisin yhteiskunnalle

Lapset, viime aikoihin saakka uhrautuvaisuutta ja yksinkertaisuutta on pidetty elämän kahtena tärkeimpänä seikkana. Kuitenkin nykyään useimpien ihmisten päämääränä on ansaita niin paljon rahaa kuin mahdollista ja hankkia mahdollisimman paljon materiaalista omaisuutta. Ihmiset ajattelevat traagisesti menestyksen tarkoittavan sitä, että saadaan mahdollisimman paljon ja annetaan mahdollisimman vähän.

Kun saamme jotakin yhteiskunnalta tai luonnosta, velvollisuutemme on antaa jotakin takaisin. Jos varmistamme, että annamme enemmän kuin otamme, yhteiskunnassa vallitsee pysyvä rauha, yltäkylläisyys ja yhtenäisyys. Mutta nykyään ihmiset ovat liikesuhteessa yhteiskunnan ja luonnon kanssa. He ovat liikesuhteessa jopa Jumalan kanssa. Meidän pitäisi yrittää kasvattaa antautumisen asennetta Jumalaa kohtaan, mutta sen sijaan ihmiset yrittävät rukoillessaankin saada voittoa.

Rikas liikemies matkusti kerran laivalla. Laiva joutui yhtäkkiä hirveään myrskyyn. Kapteeni ilmoitti, että selviytymismahdollisuudet olivat vähäiset. Kaikki alkoivat rukoilla. Liikemies aloitti rukouksensa: "Jumala, jos jään eloon, myyn viiden tähden hotellini ja annan 70 prosenttia rahoista sinulle. Suojele minua!" Ällistyttävästi, heti kun hän oli sanonut tämän, meri tyyntyi. Kohta kaikki matkustajat olivat turvallisesti rannalla, liikemies heidän joukossaan. Mutta nyt liikemiestä ahdisti. Hän alkoi ajatella: "Jos myyn hotellini, saan siitä ainakin kymmenen miljoonaa rupiaa, ja minun on annettava Jumalalle seitsemän miljoonaa. Kuinka kauheaa!" Hän alkoi miettiä keinoa välttyä tältä. Seuraavana päivänä kaikissa sanomalehdissä oli ilmoitus: "Viiden tähden hotelli myytävänä yhdellä rupialla." Satoja ihmisiä ilmaantui paikalle ostamaan hotellia. Liikemies nousi seisomaan ja sanoi: "No niin. On totta, että myyn hotellini yhdellä rupialla. Mutta siihen liittyy yksi ehto. Sen, joka ostaa hotellini, on ostettava myös koiranpentuni, ja pennun hinta on kymmenen miljoonaa." Lopulta eräs joukosta astui esiin, kauppa solmittiin ja liikemies antoi 70 paisaa Jumalalle.

Tällainen on monien ihmisten asenne nykypäivänä. Olemme valmiit jopa huiputtamaan Jumalaa saadaksemme mitä haluamme.

Nykyisin katsomme kaikkea liikemiehen silmin. Kannamme huolta ainoastaan omista eduistamme, olipa kyseessä mikä elämänalue tahansa. Näin monet ihmiset uskovat jopa kehittyvänsä. Mutta sellainen kasvu on kuin syöpä, jossa epätasapainoinen kasvu johtaa lopulta sekä yksilön että yhteiskunnan tuhoon. Yksilöllistä kasvua, joka ei ota huomioon yhteiskunnan kasvua, ei voida kutsua todelliseksi kasvuksi. Oman kasvumme ei pitäisi estää muita kasvamasta. Sen tulisi päinvastoin auttaa muita kasvamaan.

Lapset, mitä vain annammekin maailmalle, palaa meille takaisin. Jos kylvämme siemenen, maa palauttaa sen meille satakertaisesti. Kaikki mitä annamme, tulee meille takaisin siunauksena sekä nykyisyydessä että tulevaisuudessa. Elämästämme tulee rikkaampaa antamalla, ei ottamalla.

# Kireydestä ylipääseminen

Lapset, nykyään ihmiset elävät jatkuvassa kireydessä. Kaikkien elämän mukavuuksien keskelläkään ihmiset eivät pääse eroon jännityksestä. Jatkuvasta huolehtimisesta on tullut luontomme.

Haava kädessä ei parane, jos vain katselemme sitä huolestuneena ja itkien. Meidän tulee pestä ja puhdistaa haava ja lääkitä sitä, muuten se voi tulehtua. Samoin on ongelmien kanssa. Pelkkä huolestuneisuus ei ratkaise niitä.

Tosiasiassa ongelmien murehtiminen vain pahentaa niitä. On kuin juoksisimme kilpaa sadan kilon taakka hartioillamme. Kuinka silloin voisimme voittaa? Elämästä tulee kurjaa.

Terveen ihmisen verenpaineen ala-arvo on tavallisesti noin 80 ja yläarvo 120. Jos henkilön verenpaine on koholla ja hän stressaantuu, verenpaine nousee 150:een tai 200:aan. Sellainen ihminen voi saada aivoinfarktin ja halvautua toispuoleisesti. Jännitys heikentää meitä sisäisesti ja ulkoisesti. Melko monella prosentilla ihmisistä on sydänsairaus. Monet käyttävät sydämentahdistinta.

Jos voimme asentaa itseemme henkisyyden "tah-distimen" (peacemaker), jää muiden tahdistimien (pacemaker) tarve vähemmälle.

Guru oppilaineen käveli kerran auringonpais-teisessa säässä. Nähdessään puun he istuutuivat sen varjoon. Guru pyysi oppilaita tuomaan vettä. He näkivät etäällä olevan lammen, mutta kun he pääsivät rannalle, oli viljelijä ehtinyt tulla sinne kylvettämään härkiään. Kun oppilaat alkoivat täyttää ruukkujaan vedellä, vesi oli aivan mutaista. Oppilaat palasivat gurun luokse lannistuneina ja kertoivat, mitä oli tapahtunut. Guru pyysi heitä istumaan viereensä. Jokainen lepäsi varjossa puoli tuntia. Sitten guru sanoi: "Käykää nyt uudestaan lammella tarkistamassa tilanne." Oppilaat palasivat lammelle ja näkivät veden olevan kristallinkirkasta. He täyttivät ruukkunsa vedellä ja veivät ne gurulle. Guru sanoi: "Tällainen on ihmisen mielen tilanne. Kun ongelmia nousee esiin, se samenee ja vauhkoontuu. Mutta kun se on ollut jonkin aikaa hiljaa, se tyyntyy jälleen. Silloin se saa takaisin kaikki lahjansa ja kykynsä."

# Yksinkertainen eläminen ja uhrautuvaisuus

Lapset, yhteiskuntamme asenne ja arvomaailma on radikaalisti muuttumassa. Yksinkertainen eläminen ja uhrautuvaisuus olivat korkeimmat ihanteemme vielä kaksi sukupolvea sitten. Nykyään kuitenkin useimmat pitävät ylellisyyttä kaikkein tärkeimpänä asiana. Tuhlaavaisuudesta ja ylenpalttisuudesta on tullut osa elämäntyyliämme.

Jotkut tuhlaavat tuhansia – kymmeniä tuhansia – rupioita ylimääräisiin mukavuuksiin ja liikakulutukseen. Samaan aikaan heidän naapurinsa näkevät nälkää. Tuhat rupiaa voi ratkaista, pääseekö tyttö avioliittoon vai jääkö elämään yksin. Jotkut tuhlaavat satoja tuhansia rupioita tyttärensä hääjuhlallisuuksiin. Toiset perheet torjuvat miniänsä ja lähettävät hänet takaisin vanhempiensa luokse, koska hän ei tuonut mukanaan tarpeeksi myötäjäisiä. Tällaisia tapauksia on paljon.

Näinä päivinä intialaiset ovat taipuvaisia tuhlaavaisuuteen, kun häät ovat kysymyksessä.

Tosiasiassa hääseremonia voidaan suorittaa yksinkertaisella tavalla henkikirjoittajan läsnäollessa. Silloinkin häät edustavat yhtenäisyyttä ja hyväenteisyyttä. Entisaikoina hääjuhlien tarkoituksena oli tehdä naapurit ja ystävät onnellisiksi niin, että he vuodattaisivat hääparin ylle siunauksia ja siten täyttäisivät heidän elämänsä rauhan ja onnellisuuden nektarilla. Kaikki tämä on muuttunut ajan saatossa.

Meidän ei pitäisi asettaa niin paljon painoarvoa ulkoiselle prameudelle. Jos sydämessämme on edes hiukan myötätuntoa, voimme vähentää rahamäärää, jonka sijoitamme oman lapsemme häihin, ja auttaa säästämillämme rahoilla köyhiä tyttöjä pääsemään naimisiin.

Intian — ja erityisesti Keralan — yhteiskunta on pakkomielteinen kullan suhteen. Yhteiskuntamme on opettanut meille, että malajalaminkielinen sana *penn* ei tarkoita ainoastaan "naista" vaan myös "kultaa". Nykyään joillakin naisilla on yllään enemmän kultaa kuin norsulla, jonka pään päälle on asetettu *nettipattam* (kultainen pääkoriste, joka laitetaan norsun päähän uskonnollisten juhlien ajaksi), ja näin he kulkevat ympäriinsä. Naiset uskovat yleisesti, että he ovat riittämättömiä, elleivät heidän ranteensa ja kaulansa ole käärittyjä kultaan. Kullasta on tullut henkilökohtaisen ylpeyden ulkoinen ilmaisu.

Amma ei milloinkaan sanoisi, että kullan hankkiminen on väärin. Kullasta voi tulla kannattava sijoitus, jos sitä ostetaan huolellisen harkinnan jälkeen. Mutta pakkomielle kultaan on vaarallista — etenkin jos vanhemmat lainaavat rahaa tai myyvät tai panttaavat omaisuutta häiden kustantamiseksi. Tosiasiassa tämä pakkomielle kultaan ei ole naisten aikaansaannosta, vaan yhteiskunnan.

Meidän on säilytettävä tasapaino ja yksinkertaisuus kaikissa toimissamme. Kaikella on paikkansa. Samalla mistä tahansa voi tulla adharmaa, kun se ylittää tietyt rajat. Luonnonvarojen riistäminen ottamatta toisia huomioon on syntiä. Kun kylvemme tai pesemme astioita, meidän tulisi olla tarkkoja siitä, ettemme käytä enempää vettä kuin tarvitsemme. Meidän pitäisi laittaa valot ja tuulettimet pois päältä, kun lähdemme pois huoneesta. Meidän ei pitäisi milloinkaan haaskata ruokaa. Meidän on oltava huolellisia näissä asioissa. Niin moni ihminen maailmassa näkee nälkää.

Elämästämme tulee siunattua, jos siirrämme huomiomme omien mielihalujemme täyttämisestä muiden auttamiseen. Jos olemme valmiita lopettamaan pahat tapamme ja vähentämään tuhlailuamme, voimme käyttää säästyneet rahat kärsivien auttamiseen — ihmisten, joilla ei ole varaa edes yhteen kunnon ateriaan päivässä. Silloin hyvyyden valo valaisee paitsi heidän elämäänsä, myös omaamme.

## Sympatia ja myötätunto

Lapset, sympatia ja myötätunto näyttävät ensi näkemältä poikkeavan vain vähän toisistaan. Kuitenkin, kun tarkastelemme niitä huolellisesti, näemme, että ne ovat hyvinkin erilaisia. Sympatia on hetkellinen tunne, jota koemme, kun näemme jonkun kärsivän, mutta sillä ei ole juurikaan vaikutusta kärsivään ihmiseen. Sympatiaa kokeva ihminen tarjoaa kärsivälle jonkin verran apuaan ja lausuu ehkä joitakin tyynnyttäviä sanoja, mikä saa hänet tuntemaan itsensä hyväksi. Myötätunnossa sen sijaan koemme toisen surun omanamme. Myötätunnossa ei ole kaksinaisuutta — on vain ykseys. Kun vasen käsi loukkaantuu, oikea käsi lohduttaa sitä, koska kipu on omaamme. Sellaista on myötätunto.

Oppilas kysyi kerran gurultaan: "Mitä on todellinen myötätunto?" Guru vei hänet lähellä ashramia olevalle kadulle. Hän pyysi oppilasta tarkkailemaan siellä erästä kerjäläistä. Muutaman hetken kuluttua vanha nainen laittoi kerjäläisen kippoon kolikon. Jonkin ajan päästä rikas mies antoi viidenkymmenen rupian setelin. Sitten ohitse käveli pieni poika. Hän hymyili kerjäläiselle rakkaudellisesti. Hän meni tämän luokse ja alkoi puhua kunnioittavasti kuin vanhemmalle sisarukselleen. Kerjäläinen oli hyvin onnellinen. Guru kysyi oppilaalta: "Kenellä näistä kolmesta oli todellista myötätuntoa?"

Oppilas vastasi: "Rikkaalla miehellä."

Guru hymyili ja sanoi: "Ei, hänellä ei ollut sen enempää myötätuntoa kuin sympatiaakaan. Hänen ainoa tarkoituksensa oli antaa esitys hyväntekijän luonteestaan."

"Vanha nainen?" arvasi oppilas.

"Ei", guru sanoi. "Vanhalla naisella oli sympatiaa, mutta hän ei nähnyt kerjäläistä omanaan. Hän ei aidosti tahtonut poistaa miehen köyhyyttä. Vain lapsen asennetta voidaan sanoa todelliseksi myötätunnoksi. Hän kohteli kerjäläistä kuin yhtenä omistaan. Vaikka poika ei voinut auttaa kerjäläistä millään huomattavalla tavalla, heidän välillään vallitsi kuitenkin sydämen yhteys ja keskinäinen ymmärrys. Poika osoitti kerjäläiselle todellista myötätuntoa."

Maailma ei tarvitse ohimenevää sympatiaamme, se tarvitsee sydämellistä myötätuntoamme. Myötätunto syntyy, kun tunnemme toisten onnellisuuden ja surun omanamme. Silloin meillä on rakkautta ja palveluhalua. Myötätunto on ainoa lääke maailman haavojen parantamiseksi.

## Oikea asenne on kaikki kaikessa

Lapset, monet ihmiset elävät täysin pettyneinä, koska heillä on ongelmia työssä ja elämässä ylipäätään. Tämä johtuu pääasiassa heidän mielensä asenteesta tai väärästä elämänkatsomuksesta. Heidän elämänsä muuttuisi paljon, jos joku voisi näyttää heille oikean tien ja rohkaista heitä. Silloin he eivät enää tuntisi kuormittuvansa, ja heistä voisi jopa tulla positiivisia roolimalleja muille.

Kerran eräs nuorukainen halusi todella valmistua lääkäriksi. Hänen pääsykoetuloksensa jäi kuitenkin pisteen verran alle vaaditun rajan ja hän ei päässyt lääketieteelliseen. Hän oli hyvin pettynyt eikä hänen mielensä antanut hänen ryhtyä opiskelemaan mitään muuta alaa. Jonkin ajan kuluttua hän antoi periksi sukulaistensa toiveille ja haki työpaikkaa pankista. Hän sai työn, mutta hän murehti yhä sitä, kuinka hänestä ei tullutkaan lääkäriä. Sen vuoksi hän ei pystynyt palvelemaan asiakkaita rakkaudella eikä edes hymyilemään heille. Hänen ystävänsä ymmärsi hänen mielentilansa ja vei hänet tapaamaan gurua. Mies avasi gurulle sydämensä. "Mieleni ei ole hallinnassani. Suutun pienistä asioista. En kohtele pankin asiakkaita kunnioittavasti. En usko, että voin jatkaa siellä työtäni tässä tilanteessa. Mitä minun pitäisi tehdä?"

Guru lohdutti häntä ja sanoi: "Poikani, jos lähettäisin pankkiin hyvin läheisen ystävän, miten kohtelisit häntä?"

"Antaisin hänelle mielihyvin kaiken hänen tarvitsemansa avun."

"Siinä tapauksessa näe tästä lähtien jokainen asiakas Jumalan varta vasten sinulle lähettämänä. Silloin pystyt toimimaan jokaisen kanssa rakkaudellisessa vuorovaikutuksessa."

Siitä päivästä eteenpäin nuoren miehen asenteessa tapahtui suuri muutos. Tämä muutos heijastui hänen jokaiseen ajatukseensa ja tekoonsa. Kun hän oppi näkemään jokaisen asiakkaan Jumalan lähettämänä, Jumalan itsensä kuvana, hänen teoistaan tuli jumalanpalvelusta. Kaikki murhe hälveni hänen mielestään. Tyytyväisyys täytti hänen sydämensä. Hän pystyi levittämään kokemaansa onnea jokaiselle ympärillään.

Antaumus auttaa paljon oikean asenteen kasvattamisessa. Ihminen, joka uskoo Jumalaan, pitää Jumalan olemassaolonsa keskiössä. Hän näkee Jumalan kaikessa. Hän luovuttaa kaikki tekonsa Jumalalle. Siten sellainen, joka pystyy näkemään tekonsa jumalanpalveluksena, hyötyy siitä itse ja hyödyttää samalla koko yhteiskuntaa.

# Tie rauhaan

Lapset, kun Amma katsoo nykymaailmaa, hän tuntee paljon surua. Joka puolella on mielikuvia kyynelistä ja verenvuodatuksesta. Ihmiset eivät pysty osoittamaan myötätuntoa edes lapsille. Niin monta viatonta elämää uhrataan sodissa ja terrori-iskuissa päivittäin. On totta, että aikaisemminkin käytiin sotia, mutta silloin ei koskaan taisteltu ketään aseetonta ihmistä vastaan. Myös taisteleminen auringonlaskun jälkeen oli kiellettyä. Niinä aikoina noudatettiin sellaisia käytössääntöjä. Nykyään kuitenkin kaikki tuhoamismenetelmät ovat hyväksyttäviä riippumatta siitä, kuinka julmia tai dharman-vastaisia ne ovat. Kun katsomme ympärillemme, näemme maailman, jota johtavat itsekkäät ja egomaaniset ihmiset.

Kaiken tuhon alkusyynä on ego. Kaksi egon lajia ovat kaikkein tuhoisimpia. Ensimmäinen on vallan ja omaisuuden ego. Toinen on: "Vain minun näkemykseni on oikea! Mitään muuta en suvaitse." Sellainen egoismi tekee rauhan ja

tyytyväisyyden mahdottomiksi sekä henkilö-
kohtaisessa elämässämme että yhteiskunnassa
kokonaisuutena.

Jokaisella näkökulmalla on arvonsa. Meidän
on yritettävä tunnistaa ja hyväksyä ne. Meidän
on tietoisesti yritettävä ymmärtää jokaisen ideat.
Jos pystymme siihen, voimme lopettaa turhan
sodankäynnin ja verenvuodatuksen, jota näemme
ympärillämme.

Voidaksemme todella ymmärtää ja kun-
nioittaa toistemme näkökulmia, meidän on
ensin kasvatettava rakkautta sisällämme. Monet
ihmiset yrittävät kovasti oppia toisen kielen. He
ovat hyvin kiinnostuneita ja innostuneita sen
oppimisesta. Toisen kansan kielen oppiminen ei
kuitenkaan vielä riitä ihmisten ymmärtämiseen.
Sitä tarkoitusta varten tarvitsemme rakkauden
kielen — kielen, jonka olemme kokonaan
unohtaneet.

Kerran ryhmä vapaaehtoisia keräsi rahaa
hyväntekeväisyysjärjestölleen. He menivät
puhumaan suuren liikeyrityksen omistajalle.
He kuvailivat pitkään säälittäviä elinolosuhteita,
joissa heidän auttamansa kärsivät ihmiset elivät.

Heidän kertomuksensa tuskasta ja surusta olisivat
saaneet kenen tahansa sydämen sulamaan, mutta
ei tämän liikemiehen. Tarinat eivät koskettaneet
häntä lainkaan eikä häntä kiinnostanut. Täysin
pettyneinä vapaaehtoiset alkoivat tekemään
lähtöä, jolloin liikemies sanoi: "Odottakaa.
Kysyn teiltä kysymyksen. Jos vastaatte oikein,
autan teitä. Toinen silmistäni on tekosilmä.
Pystyttekö sanomaan, kumpi?"

Vapaaehtoiset katsoivat tarkasti häntä silmiin.
Sitten yksi heistä sanoi: "Vasen silmä."

Liikemies sanoi: "Ihmeellistä! Kukaan ei
ole koskaan aikaisemmin pystynyt erottamaan
sitä oikeasta silmästä. Proteesi oli hyvin kallis.
Miten havaitsit eron?"

Vapaaehtoinen sanoi: "Katsoin tarkasti
molempiin silmiisi. Oikeanpuoleisessa näkyi
aivan pikkuisen myötätuntoa. Vasemmanpuo-
leinen oli kylmä kuin kivi. Siitä tiesin heti, että
oikeanpuoleinen silmäsi on todellinen silmä."

Tämä liikemies kuvastaa täydellisesti nyky-
aikaa. Päämme käyvät kuumina ja sydämemme
ovat kylmiä, kun sitä vastoin tarvittaisiin päiden
viileyttä ja sydänten lämpöä. Kylmän itsekkyyden

sydämissämme tulisi muuttua rakkauden ja myötätunnon lämmöksi, ja egon kuumapäisyyden tulisi muuttua viileäksi itsensä tuntemisen laajenevuudeksi.

Rakkaus ja myötätunto ovat suurin rikkautemme. Nykyään ne ovat meiltä kadoksissa. Maailmalla ja meillä ei ole toivoa ilman niitä. Herättäkäämme näiden jumalallisten ominaisuuksien pehmeys ja lempeys sydämissämme.

# Säilytä aloittelijan asenne

Lapset, meidän on aina säilytettävä aloittelijan asenne. Tämä asenne tarkoittaa nöyryyttä, optimistista uskoa ja innokkuutta. Tarvitsemme sitä varten avointa sydäntä hyväksyä kaikki hyvät asiat riippumatta siitä, mistä ne ovat peräisin. Jos pystymme siihen, niin nöyryys, optimistinen usko ja innokkuus heräävät meissä automaattisesti. Silloin pystymme oppimaan kaikista kokemuksistamme. Pystymme myös reagoimaan oikealla tavalla kaikissa olosuhteissa.

Toisaalta jos sydämemme ei ole avoin, joudumme egomme ja jääräpäisyytemme orjaksi. Sen lisäksi teemme paljon virheitä ja menetämme kyvyn omaksua asioita, jotka ovat meille hyväksi. Sellainen asenne johtaa itsetuhoon.

Arjuna ja Karna kohtasivat toisensa taistelussa eräänä päivänä Mahabharatan sodan aikana. Krishna ajoi Arjunan vaunua. Salya oli Karnan vaunun kuljettaja. Arjuna ja Karna ampuivat toisiaan nuolilla. Lopulta Karna valmistautui surmaamaan Arjunan ampumalla nuolen hänen päähänsä. Kun Salya näki tämän, hän sanoi:

"Karna, jos haluat tappaa Arjunan, älä tähtää hänen päähänsä. Tähtää hänen kaulaansa."

Karna vastasi egoistisesti: "Tähdätessäni en enää muuta mieltäni. Ammun tämän nuolen suoraan Arjunan päähän!" Karna ampui nuolen.

Krishna näki nuolen lentävän suoraan kohti Arjunan päätä, ja hän painoi nopeasti vaunua maata kohti pyhillä jaloillaan. Vaunun pyörät upposivat maahan ja nuoli, joka olisi muuten osunut Arjunan päähän, iskeytyi vain hänen kruunuunsa. Kruunu sai osuman, mutta Arjuna säästyi. Pian sen jälkeen Arjuna tappoi Karnan.

Jos Karna olisi vain totellut Salyaa, hän olisi osunut Arjunaan ja tappanut hänet. Mutta Karnan ego ei sallinut hänen noudattaa Salyan neuvoa. Tämä vei Karnan tuhoon.

Asenne "minä tiedän kaiken" estää meitä oppimasta. Kun kuppi on ääriään myöten täynnä, mitä siihen voidaan enää lisätä? Sanko voidaan täyttää vain, jos se on tyhjä ja upotetaan veteen. Jopa Nobel-palkinnon saajan täytyy omaksua aloittelijan asenne ja aloittaa opinnot opettajan alaisuudessa, jos hän haluaa oppia soittamaan huilua.

Aloittelijan asenne on portti tiedon maailmaan ja laajenemiseen. Se on asenne "minä en tiedä mitään; opeta minua". Siitä lähtien saamme armoa kaikkialta, hankimme tietoa helposti ja koemme elämässämme voittoisuutta.

www.ingramcontent.com/pod-product-compliance
Lightning Source LLC
LaVergne TN
LVHW051734080426
835511LV00018B/3051